思考的框架

The Great Mental Models

General Thinking Concepts

[加拿大]
沙恩·帕里什
(Shane Parrish)
著

尚书 译

中信出版集团｜北京

图书在版编目（CIP）数据

思考的框架/（加）沙恩·帕里什著；尚书译.--北京：中信出版社，2023.1（2023.3 重印）
书名原文：The Great Mental Models: General Thinking Concepts
ISBN 978-7-5217-4822-2

Ⅰ.①思… Ⅱ.①沙… ②尚… Ⅲ.①思维训练 Ⅳ.① B80

中国版本图书馆 CIP 数据核字 (2022) 第 186871 号

The Great Mental Models: General Thinking Concepts
Copyright © Farnam Street Media Inc.
Simplified Chinese translation copyright © 2023 by CITIC Press Corporation
ALL RIGHTS RESERVED
本书仅限中国大陆地区发行销售

思考的框架
著者：　[加拿大] 沙恩·帕里什
译者：　尚书
出版发行：中信出版集团股份有限公司
（北京市朝阳区东三环北路 27 号嘉铭中心　邮编　100020）
承印者：北京盛通印刷股份有限公司

开本：880mm×1230mm 1/32　　印张：5.625　　字数：139 千字
版次：2023 年 1 月第 1 版　　印次：2023 年 3 月第 5 次印刷
京权图字：01-2020-2882　　书号：ISBN 978-7-5217-4822-2
定价：59.00 元

版权所有·侵权必究
如有印刷、装订问题，本公司负责调换。
服务热线：400-600-8099
投稿邮箱：author@citicpub.com

法纳姆街（Farnam Street） 致力于帮助你了解世界是如何运转的，如何做出更好的决策、过上更好的生活。我们讨论的话题包括思维模型、决策、学习、阅读及生活的艺术。

在这个喧嚣的世界上，法纳姆街就是一方净土。在这里，你可以静心思考那些经过岁月洗礼的理念，通过自我拷问获得深入的理解。我们涵盖了来自科学和人文学科的理念，不仅能帮你扩展知识面，还能让你学会融会贯通、跨学科思考，从而探索事物的意义。

法纳姆街的总部位于加拿大渥太华，在沙恩·帕里什的管理下，业务遍及全球，已经帮助数百万人系统地学习和掌握前人发现的有用知识。

目 录

推荐序 / 007

作者序　　如何做出更好的决策 / 011

前　言　　能力圈的边界取决于你手中的工具 / 017

基本思维模型

思维模型 01 / 041

地图不等于疆域本身
认识局限性：对比真实的世界，缺陷并不妨碍地图成为有效的工具，为我们所用。要想提前布局，我们的思维就必须超越地图本身。

思维模型 02 / 057

能力圈
你的盲点在哪里？世界是动态变化的，知识日新月异，你的能力圈也必须同步更新。在有限的领域内培养做正确决策的能力。

思维模型 03
/ 075

第一性原理
回归基本：通过将最基础的理念或事实从由此产生的假设中剥离出来阐明复杂的问题。

思维模型 04
/ 087

思想实验
积极探索自己能想到的一切可能，厘清已知信息的边界和应该尝试的范围。

思维模型 05
/ 103

二阶思维
接下来会发生什么？利用已掌握的信息尽可能全面、长远地思考问题，审视决策可能带来的长期结果。

思维模型 06
/ 119

概率思维
提高决策准确度的最佳工具之一,帮助我们确定最有可能出现的结果。

思维模型 07
/ 139

逆向思维
改变你的视角:把问题倒过来,从后往前思考。

思维模型 08
/ 153

奥卡姆剃刀定律
相较复杂的解释,简单的解释更有可能是正确的。

思维模型 09
/ 167

汉隆剃刀定律
不要做最坏的打算。真正的坏人比你想象的要少。

配套理念

可证伪性 / 072
必要性和充分性 / 100
因果关系与相关关系 / 136

致谢 / 177

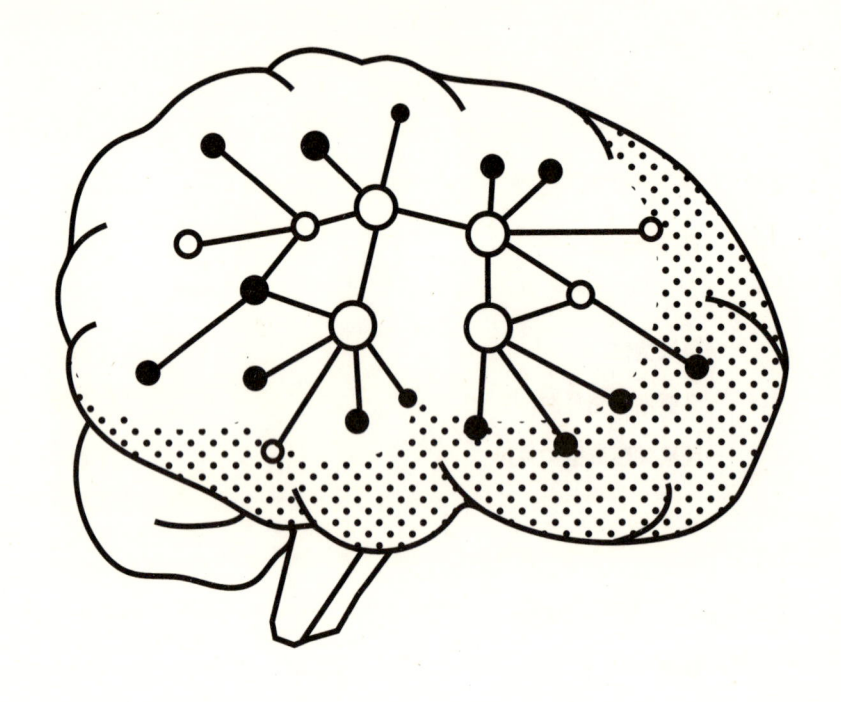

要想更好地理解这个世界,
关键是要打造一个思维模型网络。

推荐序

我们经常说,认知水平和思维能力决定了一个人的层次。确实如此,我在清华大学经济管理学院任教,教过很多学生,其中不乏成功的企业家。我也邀请过许多成功人士来清华大学演讲分享。在这些优秀的企业家学生和成功人士身上,我能感受到一个共同点:高认知水平和思维能力。

那么,究竟该如何提高我们的认知水平和思维能力呢?2022年,我发起了一个讲商学经典的读书社群,并且每周都和一位新书的原创作者进行对话直播,分享他们的著作。因为经常读书和讲书,所以常有出版社寄最新出版的书给我。而我也非常开心能够在阅读这些新书之后,推荐一些好书给更多的人。《思考的框架》就是我发现可以帮助每个人提高认知水平和思维能力的一本书。

与别的书大多聚焦于具体的专业领域(例如经济学、心理学、管理学、营销学等等)不同,这本书并不是一本聚焦于某个专业领域的专业图书,然而,书里分享的思维模型却对各行各业都非常有帮助,不论你从事什么工作,也不论你的职位是什么。

遗憾的是,大多数人并没有意识到自己需要提高认知水平和思维能力。著名的邓宁 – 克鲁格效应告诉我们,大多数人都"不知道自己不知道",因此也就不会主动通过终身学习去持续提高认知水平和思维能力。而且，大多数人即使遇到与自己认知不一致的观点或事情，往往也不愿意修正自己的观点以提高认知，这主要是基于《思考的框架》这本书里提到的三个原因：1）缺乏准确的视角；2）自尊心作祟，不愿承认自身的局限性；3）负责决策的人往往并不是直接承担后果的人。

具体来说，《思考的框架》这本书分享了帮助人们做出更好决策的9个思维模型：1）地图不等于疆域本身；2）能力圈；3）第一性原理；4）思想实验；5）二阶思维；6）概率思维；7）逆向思维；8）奥卡姆剃刀定律；9）汉隆剃刀定律。这些思维模型并非作者首创，然而作者把它们整合在一起，并用通俗易懂的语言解释清楚，这对我们每个人都非常有帮助。事实上，这些思维模型被许多成功人士广为应用，包括查理·芒格、纳西姆·塔勒布、查尔斯·达尔文、彼得·考夫曼、皮特·贝弗林、理查德·费曼、阿尔伯特·爱因斯坦……

为什么我们需要学习这么多不同的思维模型？正如作者所说，就像盲人摸象一样，我们在生活中总是试图通过自己有限的视角解释一切。要消除盲点，就意味着要运用不同的视角或思维模型来思考问题。毕竟，这世界纷繁复杂，事物之间彼此关联，只有运用多种思维模型才能加以解释。这本书介绍的9个思维模型来自多个学科，涉及生物学、物理学、化学、经济学乃至心理学等等。

当然，人类的思维模型远远不止以上9个。那么，这本书为什么只选择了这9个思维模型？查理·芒格曾经说："在所有模型中，80～90个重要的模型占了 90% 的权重，掌握它们就能让你拥有普世智慧。而在这 80～90 个模型中，只有个别几个含金量最高。"正是这样的原因，作者选择了这 9 个他认为对我们每个人重要程度最高的思维模型。

以这本书里介绍的第三个思维模型"第一性原理"为例。第一性原理源于古希腊哲学家亚里士多德提出的一个哲学观点："每个系统中存在一个最基本的命题，它不能被违背或删除。"换句话说，第一性原理指的是回归事物最基本的条件，将其拆分成各要素进行解构分析，从而找到实现目标的最优路径。第一性原理近年来在国内很火，主要因为埃隆·马斯克在采访中提到自己特别推崇第一性原理的思考方法。马斯克说，正是由于他运用了第一性原理，才能够大幅降低特斯拉电动汽车的电池成本，以及大幅降低太空探索技术公司（SpaceX）发射火箭的成本。

其实，除了马斯克，许多伟大的企业家都应用过第一性原理。以乔布斯为例，其 2007 年推出的 iPhone 智能手机震撼了全世界，并引领了整个智能手机行业的变革，苹果公司也因此成为全球市值第一的公司。而 iPhone 智能手机能够打败黑莓、诺基亚等诸多强大的竞争对手并后来居上的重要原因之一便是，乔布斯大胆去掉了智能手机上的物理键盘。因为当其他公司认为物理键盘是标配时，乔布斯却运用了第一性原理，提出物理键盘只是人机交互的方式之一，并非不可替代，从而大胆鼓励团队发明并启用了使用触摸屏技术的虚拟键盘，并在那之后成功掀起了触摸屏智能手机的浪潮。

由此可见，第一性原理确实非常重要。其实，这本书里介绍的每个思维模型都举足轻重。除此之外，配套理念也非常重要：可证伪性、必要性和充分性、相关关系和因果关系。可以说，这些概念是批判性思维和科学思维的核心，而这正是大学本科乃至研究生教育的核心。

最后我想说的是，这本书非常通俗易懂，作者运用了很多名人逸事及著名的神话故事来剖析这些高深的思维模型。正因如此，我向每个人强烈推荐这本书。为了帮助你更高效地阅读这本书，我也应中信出版集团的邀请，专门撰写了 6 000 字的精华解读稿，并且录制了 25 分钟的音频内容，以系统介绍 9 大思维模型及其启示，欢迎大家扫码免费收听。相信你听了和读了之后，一定会有收获。让我们一起提高认知水平和思维能力，成为更优秀的自己。

郑毓煌

哥伦比亚大学商学院博士

清华大学经济管理学院博士生导师

2022 年 12 月 5 日于北京清华园

作者序　如何做出更好的决策

> 事实上,你只是自以为知道。
> 你的大部分行为都是建立在不完整的知识基础上的,
> 你其实并不了解这些知识的本质,
> 不知道这个世界的目的为何,
> 对于其他事物也知之甚少。人完全有可能生而无知。[1]
> ——理查德·费曼

教育并不能帮助你准备好应对现实世界。至少,我自己的情况是这样。2001年9月11日,我刚在一家情报机构工作了两周,世界就突然发生了天翻地覆的变化。[2] 我所在的岗位变得多余。作为计算机科学专业的毕业生,我所熟悉的是一个充满"1"和"0"的二进制计算机语言的世界,而非由人、家庭和人际关系建构的世界。在没有任何引导的情况下,我便稀里糊涂地经历了一系列晋升,对于随之而来的责任深感无所适从。现在我发现,我做出的决策不仅影响我的员工,还关乎他们的家人;不仅关乎我的祖国,还影响世界上的其他国家。唯一的问题就在于,我不知道该如

---

[1] Feynman, Richard. *The Pleasure of Finding Things Out: The Best Short Works of Richard P. Feynman*. New York: Perseus Publishing, 1999.

[2] 指"9·11"恐怖袭击事件。——译者注

何做出决策，我只知道自己有义务竭尽所能地做出最好的决策。

为了提高自己的决策能力，我四下搜寻，觅得几位导师，仔细观察他们的一言一行，向他们学习。我阅读了市面上能找到的所有关于做决策的图书，甚至休了一段时间的假，重返校园攻读工商管理硕士学位（MBA），希望自己最终能学会如何做出更好的决策，仿佛一旦学会便可一劳永逸，殊不知，学习决策其实是一段持续进步的旅程。

我本以为 MBA 课程很有价值，我投入的时间绝不会白白浪费，但这样的期许很快就化为泡影。当我抵达考场却发现只是开卷考试时，我才意识到我的预期大错特错。我到底是在读硕士，还是在读小学？有时候，我自己也说不清。但这次经历依然给我带来了脱胎换骨般的变化。

我意识到，只要我知道答案在我带去考场的哪本书的哪一页，考试就一定能及格。这其实是一种解脱，我不再把精力放在完成作业上，而是开始了解老师在课堂上无意间提到的一个人——查理·芒格[1]。我不再关注那些完全脱离现实的理论，转而关注这位史上最成功的商人，了解其伟大成就背后的智慧。芒格是沃伦·巴菲特[2]在伯克希尔－哈撒韦公司的商业合伙人，身家亿万。他很讨人喜欢，聪明机智，又有点儿玩世不恭。是他为我打开了新世界的大门，意外收获了新知所带来的乐趣。我认为自己终于找

---

1 查理·芒格（Charlie Munger, 1924— ），美国投资家、商人、慈善家，伯克希尔－哈撒韦公司副董事长。他坚信，从事商业需要基本的普世智慧，以及崇高的道德标准。

2 沃伦·巴菲特（Warren Buffett, 1930— ），美国投资家、商人、慈善家，伯克希尔－哈撒韦公司董事长兼首席执行官。他被称为"奥马哈的先知"（the Oracle of Omaha），被认为是全世界最成功的投资者之一。

思考的框架

到了有用的知识，因为这些知识来源于对这个世界的探索。相比之下，我更愿意向芒格学习，因为他一直努力将理论付诸实践，也愿意与他人分享自己探究的成果。芒格在事业上的辉煌成就也使得整个学习历程更加引人入胜。

芒格有一种思考问题的方法，他称其为"多元思维模型网络"，也就是不同学科的知识块经过简化，可以帮助我们更好地理解这个世界。芒格表示，在任何给定的情况下，这些思维模型都有助于我们找到相关的信息及最合理的参数。他的历史业绩也进一步证明，这一方法不仅在理论上合乎逻辑，而且在实践中行之有效。我开始把我学到的东西记录下来，于是就有了"法纳姆街"这个博客网站（fs.blog）。在过去长达八年的时间里，我一直致力于寻找和学习那些具有积极影响的思维模型，试图理解我们应该如何思考、如何修正、如何学习，以及如何做出更好的决策。

我跟我的孩子们开玩笑说，如果你想汲取某个人大脑里的精华，那就应该去阅读他的著作。人类所有伟大的智慧都已经记载于册。某一天，我们在讨论思维模型的时候，孩子们问我有没有这方面的书，我一时愣住了，突然意识到现在市面上竟还没有这类书。我没办法向他们推荐好书，这是个问题，但这个问题很容易解决。

多年前，当我开始学习思维模型时，我非常希望能有这样一本书，现在终于实现了，就是你手上的这一本。我想借此推崇的理念是，了解世界运转的方式对我们大有裨益，我们可以借助对世界的理解避免麻烦。

本书里的观点并非我首创，我也无意邀功。这些观点来自查理·芒格、纳西姆·塔勒布、查尔斯·达尔文、彼得·考夫曼、皮特·贝弗林、理查德·费曼、阿尔伯特·爱因斯坦……正如古罗马诗人普布利乌斯·泰伦提乌斯（Publius Terentius）所写："现在说的话，过去都说过。"我只是策划、编辑和塑造了前人的作品。

本书中永恒的博大思想是写给我的孩子及他们的子孙后代看的。我希望通过写作，帮助读者清晰且自信地处理问题，让他们的人生旅途更加顺畅、更有价值。

汲取智慧

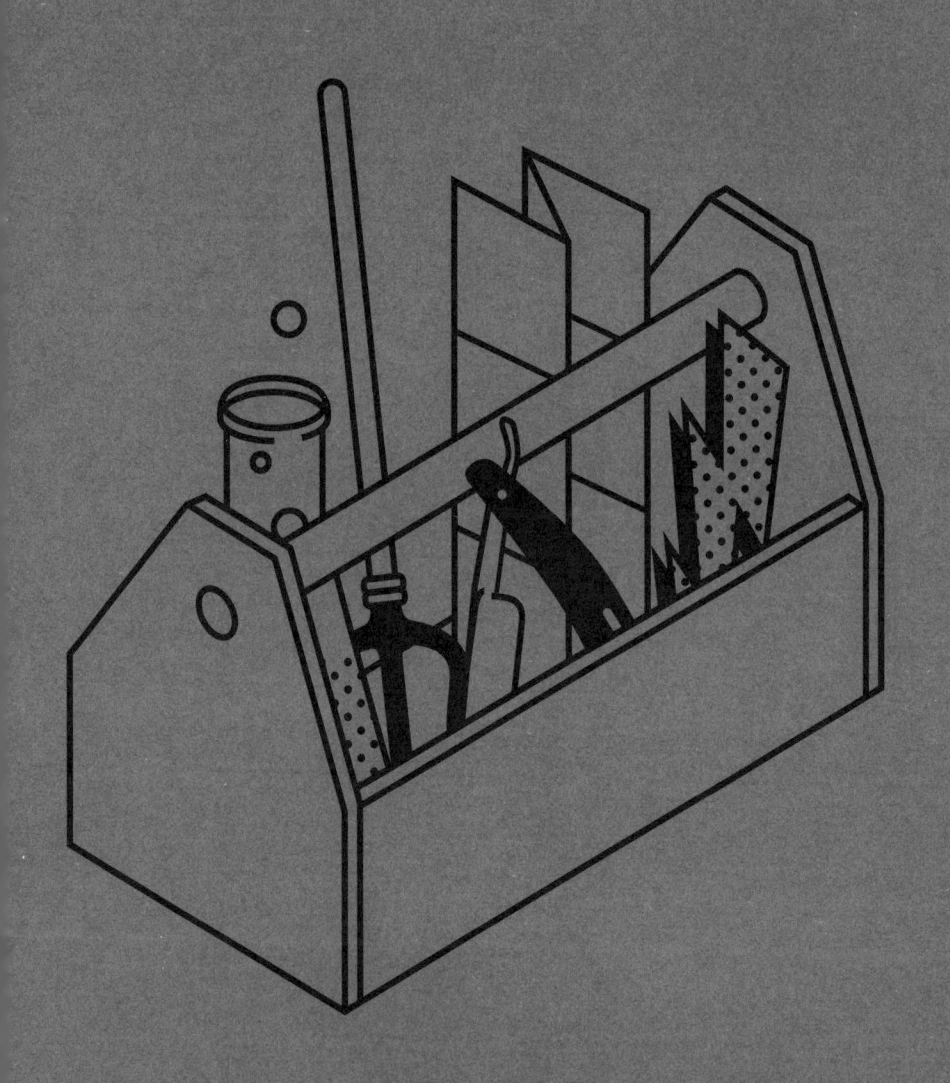

你的能力圈边界取决于你手中的工具。

我认为，
系统学习、掌握前人发现的
最有用的知识
才是靠谱的学习方法。[1]

——查理·芒格

---

[1] Munger, Charles. *Worldly Wisdom Revisited*. Lecture and dialogue presented at Stanford Law School, Stanford, CA, December 29, 1997.

前言　能力圈的边界取决于你手中的工具

无论是在商业世界还是在生活中，盲点最少的人往往能够胜出。消除盲点意味着我们能够认清现实、接触现实，以及更准确地理解现实，也意味着我们会变得更善于思考。更善于思考则意味着可以找到更便捷的流程，有助于我们从多个维度和角度出发解决问题，让我们更好地选择合适的解决方案。为对的问题找到对的解决方法，这种技能就是智慧的体现。

本书谈论的就是如何寻求这种智慧，如何探究事物运作的原理，以及如何让自己在每天夜晚入睡时都比早晨醒来时更聪明一点儿。本书谈论的是，我们要避免作茧自缚，才能真正理解有关这个世界的真相。决策的好坏取决于对事物认知的深浅。虽然我们无法准确预测未来生活中不可避免的难题，但依然可以系统地学习一些经久不衰的理念，帮助我们准备好应对世间的未知。

也许更重要的是，本书谈论的是如何避免问题。归根结底就是要准确地理解问题，以及看到每个提议方案的次要和后续结果。思维模型领域的作者、探索者皮特·贝弗林有句话说得很好："我并不想成为一个杰出的问题解决者，我想避免问题——防止问题发生，从一开始就把事情做对。"[1]

我们怎么才能从一开始就把事情做对呢？

首先我们必须了解这个世界是如何运转的，然后再相应地调整我们自己的行为。与我们常被灌输的理念恰恰相反，提高思维能力并不是要变成天才。思维能力的本质是运用一些流程来发现现实的真相，并以此为基础做出明智的选择。

本书对你的帮助

本书旨在定义和探索经典的思维模型，即在日常生活中应用范围最广的思维模型。思维模型描述了世界的运行方式，也塑造了我们思考、理解及形成信仰的方式。思维模型在很大程度上是一种潜意识，潜藏在内心深处，不流于表面。虽然我们往往意识不到思维模型的存在，但它们才是我们判断某个问题的相关因素的依据，能帮助我们推断因果关系、找到规律、进行类比，帮助我们思考和推理。

思维模型其实就是对事物运作方式的描述。因为我们无法记住世界上的所有细节，所以就要使用一些模型来化繁为简，将复杂的事物简化成便于理解和梳理的知识块。有意无意间，我们每天都在运用这些模型进行思考、

---

[1] Parrish, Shane. *Peter Bevelin on Seeking Wisdom, Mental Models, Learning, and a Lot More*. Farnam Street Blog. Retrieved from: https://www.fs.blog/2016/10/peter-bevelin-seeking-wisdom-mental-models/.

做出决策及理解这个世界。思维模型成千上万,真假不一,本书会集中介绍那些具有最大效用的模型,可谓思维模型的"全明星阵容"。

本书将重点介绍九个模型,也就是基本的思维概念。虽然这些模型大都显而易见,但你很可能从未直接学过这些有用的工具。只要使用得当,它们可以帮助你加深对这个世界的理解,提高你通过不同视角看待问题的能力,而且每个视角都能揭示不同层面的问题。这些模型适用于各类场景,即便没有明确的路径,对于理性地做出决定也至关重要,可以帮助你以立体的方式解决问题。

我们对经典的思维模型的研究基于这样一个观点:基础知识理应人人享有。没有哪个学科是受到限制、不可触碰的——所有研究领域的核心思想都包含着揭示宇宙运行方式的原则,因此对于探索宇宙至关重要。

我们的模型来自大多数人从未学过的基础学科,但不需要任何学习基础,只要你热爱学习、思维敏捷即可。

为什么要学习思维模型

任何系统都无法帮助我们应对全部风险。偶然因素的存在增加了问题的复杂性,使得我们无法精准地预测。但是,一系列思维模型可以帮助我们通过理解决定性因素尽可能地降低风险。潜在结果并不一定是解不开的谜团。

如果没有能力运用跨学科的知识来转换视角，我们会脆弱得不堪一击。犯下的错误可能演化为灾难，其影响不断累积、发酵，不仅会向我们施加压力，还会限制我们的选择。培养跨学科的思维方式，学习这些思维模型并将其应用于现实生活，则有助于减轻我们的压力，提升选择的自由度。我们越有效地利用这些模型中蕴含的各种知识，得到的解决方案越多。

理解现实

"理解现实"是一种比较模糊的说法，前文已经提到。我们当然想要理解现实，但要如何理解呢？为什么理解现实至关重要？

为了看清一个问题的本质，我们必须先将它拆解成几个重要部分，这样才能看到其内部的相互联系。这种自下而上的视角可以揭示我们所认为的因果关系，以及这种因果关系如何控制现在和未来的发展走向。理解某种情形的第一步就是能够准确、完整地描述它。

思维模型的不同视角可以帮助我们理清这些相互联系。在一个给定的问题上，使用的视角越多，越能看清现实真相。我们看清的现实真相越多，能理解的就越多。而我们理解得越多，就越知道自己该做什么。

面对定义明确的简单问题，我们无须运用太多视角，因为重要的变量都是已知的，问题之间的相互联系也是已知的。在这种情况下，我们通常明白要做什么才能在尽可能减少副作用的情况下获得预期的结果。然而，当问题变得更复杂时，拥有全方位视角的价值就不言而喻了。

这并不是说所有视角（或者模型）都适用于所有问题，因为实际并不能完全适用；也不是说拥有更多的视角（或者模型）就能在解决所有问题上占有优势，因为这也不是绝对的。因此，学习和运用经典的思维模型是需要付出艰苦努力的过程。事实是，大多数问题都是多维的，因此拥有更多的视角通常会为解决我们所面临的问题提供显著的效用。

脚踏实地

在希腊神话中，巨人安泰俄斯是海神波塞冬与大地女神盖亚所生的儿子。安泰俄斯有一个特殊的习惯，他会向每个路过其国家的人挑战格斗。希腊格斗同现代人眼里的格斗并无太大分别，目标就是将对手击倒在地。安泰俄斯所向无敌，在杀死对手后，他会收集死者的头骨，好为自己的父亲波塞冬建造一座神庙。虽然安泰俄斯始终立于不败之地，而且看似坚不可摧，但他的无懈可击实则存在一个致命的缺陷：安泰俄斯的无穷力量源自与大地母亲的接触，一旦无法接触，他的所有力量便消失殆尽。

在去往金苹果园的路上，赫拉克勒斯要和安泰俄斯决斗，这是他的十二项功绩之一。赫拉克勒斯屡次将安泰俄斯摔倒在地，却眼看着他一次次苏醒过来。如此几轮之后，他意识到运用传统的摔跤技巧是赢不了的。于是，赫拉克勒斯奋力将安泰俄斯举离地面。由于无法与大地母亲接触，安泰俄斯失去了力量，赫拉克勒斯趁势将其击垮。[1,2]

---

1   Graves, Robert. *The Greek Myths*. The Folio Society: London, 1996 (first published in 1955).

2   Bulfinch, Thomas. *The Golden Age of Myth and Legend*. UK: Wordsworth Editions, 1993.

一旦理解脱离了现实，我们便会失去自己的力量。理解必须不断接受现实的检验，并相应地持续更新。这绝不是一件一劳永逸的事情，也没有明确的任务开始和结束的时间节点，它是一个持续的过程。

相信你们都认识这样的人：他知道如何改善你所在的组织，或者拥有解决全球饥饿问题的良方。虽然在晚宴上与朋友在觥筹交错间高谈阔论很有意思，但这并不能给你带来任何实质性的提高。要想知道自己对现实的理解程度，唯一的方法就是把自己的想法和理解付诸行动。如果你不以真实的世界来检验自己的想法（即脚踏实地），你怎么能确定自己是真的理解现实了呢？

作茧自缚

从现实中学习的最大障碍是我们自己。要想理解一个我们身处其中的系统是很困难的，因为我们有盲点，我们看不到我们未寻找的事物，也注意不到我们未注意的东西。

我们无法通过接触现实来修正观念的主要原因有三：一是缺乏准确的视角；二是自尊心作祟，不愿承认自身的局限性；三是负责决策的人往往并不是直接承担后果的人。在本书中，我们将更加详细地了解到，这三个因素都有可能成为我们前进的阻碍，它们导致我们更倾向于墨守成规，而非与时俱进。先简要解释一下这三点缺陷。

> 两条小鱼一起在水里游着,
> 突然碰到一条大鱼迎面游过来。
> 大鱼朝它们点头问好:
> "早上好,小伙子们。今天的水怎么样?"
> 两条小鱼听后继续游了一会儿,
> 其中一条实在忍不住了,看着另一条小鱼,
> 问道:"水到底是个什么玩意儿?"[1]
> ——大卫·福斯特·华莱士

第一,缺乏准确的视角。我们很难看清自身所处的系统。伽利略[2]做过一个类比,形象地描述了我们与生俱来的视角的局限性。想象你此时站在一艘船上,船只匀速(速度和方向都不改变)向前行驶。你在甲板下面,也没有舷窗,你将手里的小球向下抛到地板上。对你来说,小球看起来像是垂直下落的,从而证实了重力的作用。

现在想象你是一条有透视能力的鱼,看着这艘船从你面前经过。你看到里面的科学家正在抛掷一个小球,注意到小球位置的垂直变化,但你也能看到小球位置的水平变化。当小球受重力的作用下落时,它的位置同时向东移动了大约 20 英尺[3]。船在水中移动,因此小球也在水中移动。船上的科

---

[1] Wallace, David Foster, *This Is Water: Some Thoughts, Delivered on a Significant Occasion, about Living a Compassionate Life*. New York: Little Brown and Company, 2009.

[2] 伽利略·伽利雷(Galileo Galilei,1564—1642),意大利博学家。他为天文学、物理学和工程学的发展做出了卓越的贡献,被许多人认为是现代科学之父。他的才华一直为世人提供灵感,在很多地方都能看到他的名字,甚至在皇后乐队和蓝靛女孩乐队的歌曲中。

[3] 1 英尺 ≈ 0.3048 米。——译者注

学家由于没有外部参照物，无法察觉到这种水平位移。

这个类比表明了我们自身视角的局限性。如果我们真的想了解自己行为的结果，就必须接受其他观点。即使我们感觉自己已经掌握所有的信息，但如果考虑到我们所处的环境，即在船上，那么海里的鱼有更多的信息可以分享。

第二，自尊心作祟。许多人都太在乎自我评价，以至于看不到外部世界的反馈，可我们恰恰需要这些反馈来纠正自己对现实的理解。这就造成了极度的无知，使我们一次又一次地头撞南墙。我们受自尊心的影响而无法拓宽向世界学习的路径，这当中涉及很多因素，其中有两个值得一提。首先，由于太看重别人对我们的看法，我们不敢把自己的想法说出来，接受他人的批评。这样我们就永远是对的。其次，即便我们大胆地说出了自己的想法，这些想法受到外界批评时，我们的自尊心也会发挥保护作用：我们会把精力放在维护自己上，而不是去修正自己的想法。

第三，负责决策的人往往并不是直接承担后果的人。我们受到决策结果的影响越小，就越倾向于墨守成规、故步自封。一旦把手放在滚烫的炉子上，你很快就会意识到自己这么做的后果是什么。你要为自己犯的错付出代价，是生物趋利避害的本能促使你改变自己的做法。在下一次触摸火炉之前，你就会检查炉子是否还烫手。但你学到的并不只是适用于某一具体微观情形的教训，你还会抽象概括出一个普适的结论，从此明白在触碰任何可能烫手的东西之前都要先检查一番。

组织一旦超过一定的规模，就会使得决策者不必直接承担决策的后果。如果我们做出的决策是由他人代为执行，我们之间就可能相差一个甚至多个级别，导致我们无法立即修正自己的理解。换句话说，我们有一点儿不接地气了。越难获得对于决策的反馈，就越容易相信自己是对的，从而也就避开了纠正自身观点的挑战和痛苦。

承认错误很困难。比起微观层面，我们更容易在宏观层面自欺欺人、自以为是。因为在微观层面，我们能看到、感受到直接的后果。在触摸到灼热火炉的那一刻，我们收到的反馈强烈而即时。但若身处宏观层面，我们不再能收获即时的反馈，由于自尊心作祟，我们会编造自欺欺人的谎言进一步强化自己的观点，而非真实描述现实情况。

以上三点缺陷就是我们不断重蹈覆辙的主要原因，也是我们需要尽可能地脚踏实地的原因。孔子云："过而不改，是谓过矣。"有过错却不加以改正，这才是真正的过错。

通常，我们甚至察觉不到与自身固有看法相冲突的观点。维持现有的思维方式要比纠正错误的观念容易得多。要想看清事物的本质，也就是理解现实，我们可以遵循查尔斯·达尔文的建议，特别留意那些"容易被忽视"的事物，积极思考事情发生的原因。

我们也倾向于低估基本思想，高估复杂的理念。我们大多数人都是通过某种专业知识找到工作的，所以这种倾向也有一定的依据。如果只知道一些所有人都了解的知识，我们就会觉得自己毫无价值，因此我们会把精力集中于培养独特的专业技能，以使自己脱颖而出。问题就在于我们也会因此排斥简单的道理，以确保自己的贡献不可替代。殊不知简单的道理其实很有价值，可以帮助我们避开复杂的问题。

在寻找经典的思维模型的过程中，我们也在寻找一些基本的原则，也就是由跨学科思想组成的久经考验的思想根基。去探究人人享有的知识似乎有悖直觉，但事实上，无论你身在何处，宇宙的运行方式都是相同的。你需要做的只是真正理解原则，这样即便细节有所改变，你依然能够看清现象的本质。这也是经典的思维模型的价值组成部分之一：真正理解了原则，你就可以灵活改变战术，应用此时此刻你需要的那部分原则。

> 对大多数天才，
> 尤其是身居高位的天才而言，
> 他们的成功并非基于解构复杂的事物，
> 而是基于利用不为人知的简单原理。[1]
> ——安迪·贝努瓦

这些常被忽视的基本思想来自生物学、物理学和化学等多个学科，能帮助我们理解世界的内在联系，看清它的真实面目。准确理解之后才能更好地判断因果关系，从而找出规律，再进一步进行类比。以上所有这些都是为了让我们能够对现实具备更清晰的认知，真正理解现实中的动态变化。

---

[1] Benoit, Andy, "The Case for the ... Broncos." *Sports Illustrated*, January 13, 2014.

只理解现实是不够的

然而,理解现实并不是全部。追求理解能够带来意义、促进适应,但仅仅依靠理解本身是远远不够的。

只有我们相应地调整自己的行为后,理解才会有用。经典的思维模型绝不仅是理论而已,它们都是可供付诸实践的洞见,可以给你的生活带来积极的改变。如果你没有相应地调整自己的行为,那么即便你知道自己经常打断别人,又有什么意义呢?事实上,如果你明明知错却坚决不改,那反而会造成负面影响。你周围的人会据此得出一个最直接的结论:你根本不在乎。更糟糕的是,因为你知道自己经常打断别人,你会惊讶于自己屡次三番地做同样的事。为什么呢?因为你在获得新的理解之后并没有反思,也没有改变自己的行为。

在现实世界,你要么通过理解和适应获得成功,要么注定失败

现在你应该已经明白,为什么我们做出的决策总是不尽如人意,又为什么常常重蹈覆辙。在知识储备不足时,我们害怕学习,又羞于承认。正是这种心态导致了错误的决策。错误的决策不仅会引发压力和焦虑,还会白白浪费大量的时间。但当初做决策的时候,我们却总以为自己的决策是自然而然产生的,因为完全符合我们对事物发展的预期。一旦发展超出预期,或者我们根本看不清发展状况,我们就会陷入困境。这时候,我们非但没有修正自己的观点,还固守原有的思维加倍努力,结果只会加剧自己的沮丧和焦虑。直到几周或数月后,当我们花费大量的时间来纠正错误,最初的决策转变成为我们肩上的重担。然后我们就开始纳闷，为什么总是腾不出时间陪伴家人和朋友，为什么总得耗费大量的精力去处理那些超出自己控制范围的事情。

我们太消极被动，总以为这些事情只是碰巧发生在我们身上，从没想过正是由于我们自己的所作所为才导致了问题的出现。这种被动性意味着我们很少反思自己所做的决定和由此引发的结果。没有反思就无法学习，不学习就注定会再三犯错。当事情进展不如预期时，我们就会感到沮丧，对自己为什么总是忙忙碌碌百思不得其解。如此循环往复。

但我们并非决策的被动参与者。与其说是外部世界在对我们施加影响，不如说是在世界向我们揭示真相后，我们主动地做出相应的反应。自尊心从中作梗，把现实锁在了它控制的一间屋里。只有在一次次的打击后依然坚持不懈，我们才能看到紧锁的门外的光明。

当然，自尊心不单是敌人，更是我们的朋友。如果我们总能抱有完美的世界观，坚持理性地做决定，那就永远不会轻易尝试那些使得我们"人之为人"的伟大创举。是自尊心推动着我们前进。要是没有自尊心，又为何要尝试登陆火星呢？毕竟，以前从未有人成功过。要是没有自尊心，我们也永远不会创业，因为大多数创业都以失败告终。我们需要学会理解自尊心何时能为己所用，何时又会成为阻碍。要想更好地纠正自己的观点，就要让自尊心为结果服务，而不是任其吞噬了自我。

我们追求的往往是短期的自尊心保护，而非长久的幸福。渐渐地，我们对事物的理解就变成了非黑即白的二元对立，而不是深浅不一的灰色阴影。当事情的进展与我们的世界观一致时，我们自然会认为事情对我们和他人都有好处；当事情与我们的观点发生冲突时，它们就是错误的、有害的。但这个世界远比我们聪明，只要我们愿意接受它的反馈，愿意脚踏实地，它就会教给我们所需要的一切知识。

思维模型及其使用方法

有一个例子或许有助于说明思维模型这种方法，那就是重力。我们小时候就学过重力，可能成年后还在大学里更深入地学习过这个知识点。每个人头脑中都有一个关于重力的思维模型，不管你是否意识到了它的存在。这个模型可以帮助我们理解重力是如何发挥作用的。当然，我们并不需要了解所有细节，但我们知道什么是最重要的。比如我们知道，一旦钢笔从手里滑落，它就会掉到地上。如果我们看到地板上有一支钢笔，我们就会判断可能是重力起了作用。

这个思维模型在日常生活中扮演着重要的角色，它解释了地球为什么会绕着太阳转，也为桥梁和飞机的设计奠定了基础，还能帮助我们评估靠在护栏上或者修理屋顶的安全性。此外，对重力的理解甚至还能应用于其他不那么明显的方面。我们会用这个思维模型来比喻强大个性的影响，比如我们会说："他被拉进了她的轨道。"这句话指代的就是质量对引力的影响：质量越大，引力越大。这个思维模型也启发了一些经典的销售技巧：随着距离的增加，引力会减小，冲动购物的倾向也会减弱。杰出的销售人员明白，随着时间的推移、空间距离的拉大，购物的欲望会大大降低，所以他们总是催促你立刻下单。

重力在人类出现之前就已经存在了，所以我们可以认为它是久经考验、真实可靠的。但是，你真的能通过一大堆细节详细解释这个概念吗？我对此深表怀疑。更何况，你根本不需要知道这么多细节，依然可以利用这个思维模型。对引力（或者泛指所有的思维模型）的理解可以帮助我们预测未来将发生的事情，以及解释过去已经发生的事情。运用思维模型并不要求我们一定要详细描述这个物理现象。

然而，并不是所有的思维模型都像重力那样可靠，它们多多少少都有缺陷。比如有的只适用于特定的情形，其他情况下一无是处；有的适用范围极其有限，因此用处不大；有的不够可靠，因为未经验证和质疑；还有的则干脆就是错误的。无论何种情况，我们都需要先弄清楚哪些思维模型是可靠的、有用的，而且必须摒弃或者纠正那些不可靠的思维模型，因为不可靠甚至有缺陷的思维模型会让你付出代价。

在很长一段时间内，人们一度相信放血疗法可以治愈诸多疾病，这种错误的观念导致很多医生人为造成了患者的死亡。在使用有缺陷的思维模型时，我们更容易误解当时的情况、重要的变量及它们之间的因果关系。此类误解使得我们经常会采取错误的举措，比如错误的治疗方法使病人因失血过多而死亡。

思考的框架

更好的思维模型就意味着更好的思维方式。思维模型能在多大程度上准确地解释现实情况，就能在多大程度上改善我们的思维方式。理解现实才是关键，它不仅能帮我们决定采取哪些行动，还能帮我们消除或避免那些原本意识不到具有重大负面影响的行为；我们不仅能更准确地理解由行为直接引发的问题，还能看到第一层、第二层甚至更深层的结果。这种理解有助于我们绕开可避免的错误。有时候，要想做出良好的决策，归根结底意味着尽可能避免做出糟糕的决策。

无论出发点如何，有缺陷的思维模型在使用时都会造成伤害。运用思维模型时，我们常常会遇到各种麻烦，要么是因为其本身是错误的，也就是说，它经受不住现实世界的检验，要么是因为虽然它没错，但应用的场景不对。

不符合现实的思维模型会铸成大错。想想看，放血作为一种治疗方法，会造成不必要的死亡，因为正当病人需要用尽全力来对抗疾病时，放血疗法反倒使他们更加虚弱。它之所以存在了这么长时间，就是因为它构成了一系列错误的思维模型，比如那些解释疾病原因和人体运作方式的思维模型，使得我们难以确定它到底在哪些方面与现实相冲突。

若有证据显示思维模型是错误的，我们又不能及时纠正，就会进一步加剧错误的思维模型引发的问题。只有在现实中反复验证它，并且对反馈保持开放的心态，我们才能不断修正自己对世界的理解，改变我们的思维方式。我们需要基于尽可能大的样本量来观察应用思维模型的结果，从而不断优化模型，使其符合世界的真实运作方式。

习得新思维模型的力量

思维方式的优劣在很大程度上受到我们头脑中的思维模型的影响。我们不仅需要准确的思维模型，而且需要各种各样的思维模型来揭示事物的真相。关键就在于模型的多样性。大多数人学习的都是特定领域的专业知识，没有接触过其他学科的宏观思想，也没有培养出能准确发现问题的跨学科思维方式。此外，由于缺乏合适的思维模型来理解现实情况，我们往往会滥用现有的思维模型，将它们应用于不匹配的场景。

对此，你可能深有感触。工程师通常会考虑默认的系统，心理学家会考虑动机，商人可能会考虑机会成本和风险/回报。凭借各自的学科知识储备，这些专业人士看到的情况都是片面的，只看到了他们熟悉的领域。然而，如果不具备跨学科的思维方式，没有人能看清大局。简而言之，每个人都有盲点，而且是很大的盲点，每个人还都没有意识到自身存在盲点。有句俗语说得好："手里只有一把锤子，那你看什么都像钉子。"不是所有问题都是相同的，这世界纷繁复杂，事物之间彼此关联，只有运用多种思维模型才能加以解释。

要消除盲点，就意味着要运用不同的视角或思维模型来思考问题。盲点随之逐渐消失，我们就会对问题有所了解。

就像盲人摸象一样，我们在生活中总是试图通过自己有限的视角解释一切。仅有的视角往往基于我们熟悉的特定领域，比如经济学、工程学、物理学、数学、生物学、化学等等，每个学科都蕴含着一部分真理，但没有哪个学科可以传授世间全部的真理。

也可以从另一个角度来看，不妨想象一片森林。植物学家关注的是生态系统，环境学家关注的是气候变化的影响，林业工程师关注的是树木的生长情况，商人关注的则是土地的价值。谁都没有错，但谁也没能描述整片森林的全貌。只有分享知识，或者学习其他学科的基础知识，才能让你实现更全面的理解，才能以此就森林管理做出更好的初步决策。

仅仅依赖有限的思维模型，就仿佛明明拥有一个 400 马力的大脑，却只能输出 50 马力的功率。为了提高思维效率，充分发挥 400 马力的潜能，你需要灵活运用思维模型的网络。如同随处可见的庭院图，此网络也由一系列相互连接、相辅相成的点构成。经典的思维模型也同理：不同模型之间相互影响、相互作用，可以用来评估和理解各种思想。

在 20 世纪 90 年代的一次著名演讲中，查理·芒格对这种应用型智慧进行了总结："第一条规则是，如果你只是一味记住孤立的事实，然后试图吸收它们，你将永远无法实现真正的理解。不把这些事实纳入理论框架就没法加以利用。你必须在大脑中建立思维模型，必须把你直接或间接获取的经验排列在这个思维模型的网络上。你可能已经注意到，有些学生只会死记硬背，反复记忆那些已经背过的知识点，他们在校时的成绩往往很差，毕业后的生活也难免一塌糊涂。所以你必须把自己的经验纳入大脑中的思维模型网络。"[1]

1　Munger, Charlie. "A Lesson on Elementary, Worldly Wisdom As It Relates to Investment Management & Business." Lecture to USC Business School, 1994. Retrieved from: https://old.ycombinator.com/munger.html.

关于历史，这三桶知识教会了我们什么？

"每个统计学家都知道，足够大的相关样本容量就是他们最得力的助手。确定普世原则的三个最大、最相关的样本容量分别是多少？第一个桶里是无机系统，包含137亿年的历史，包括所有的数学和物理定律，是整个物质世界。第二个桶里是有机系统，包含地球生物35亿年的历史。第三个桶里是人类历史，你可以自行选定长度，我选的是两万年有记载的人类行为史。这是我们能找到的三个最大、最相关的样本。"
——彼得·考夫曼

样本量越大，相关性越强，依此建立的模型就越可靠。但确定样本量大小的关键不只是空间范围，还有时间跨度。你需要尽可能地追溯过去以补充你的样本量。我们都有这样的倾向：认为当下世界的面貌就是它一直以来的样子。所以我们会陷入误区，总是根据此时此地的发现来验证自己的假设。但大陆板块曾经互相挤压，恐龙曾经是地球上的霸主，人类进化也经历了漫长的过程。回首过去可以为我们理解当下的处境提供必要的背景。

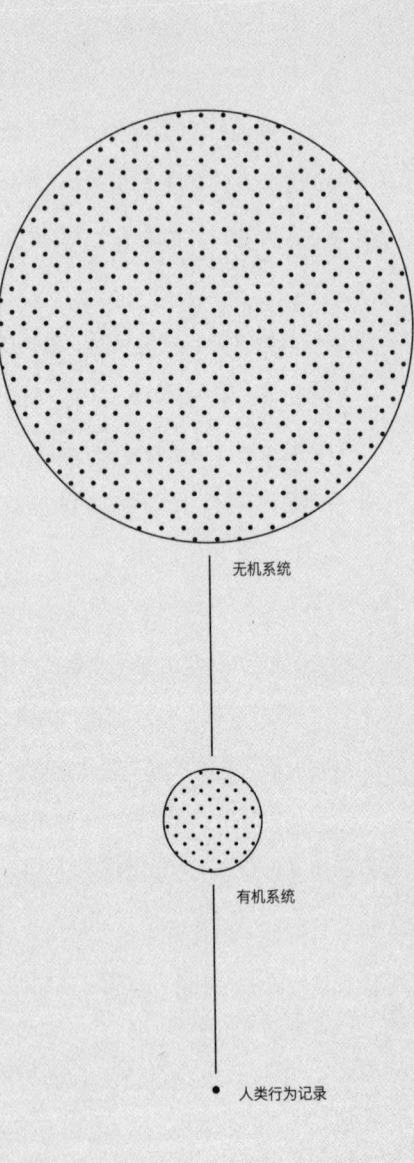

无机系统

有机系统

人类行为记录

> 良好决策的头号劲敌就是思考问题缺乏充分的视角。[1]
> ——阿兰·德波顿

扩展你的思维模型网络

通过网络可以很好地将思维模型概念化,因为它展示了现实情况及将知识融会贯通的价值。现实世界并不是一个个孤立的学科。我们之所以做此划分,是因为这样更便于学习。但是一旦习得新知,我们就需要把它放回它所在的复杂系统。我们需要看到它与其他知识点之间的联系,从而搭建整体的知识框架。这就是将思维模型中所包含的知识纳入网络的价值所在。

我们可以以此减少自己的盲点,因为盲点不仅限制了我们对眼前问题的看法,还限制了我们对潜在解决方案的第二层乃至更深层结果的看法。如果没有经典的思维模型网络,我们难以迅速做出决策,也缺乏创造性。但是通过运用思维模型,我们可以通过对世界其他领域运作方式的好奇来弥补专业性的不足。看一眼诺贝尔奖得主的名单不难发现,虽然获奖者肯定是某个特定领域内最杰出的专家,但他们的成就多半也得益于对多个学科的兴趣。

为帮助你搭建属于自己的思维模型网络,本书将介绍来自多个学科的重要模型,涉及生物学、物理学、化学、经济学乃至心理学。

---

[1] De Botton, Alain, and Diyala Muir. "How To Make a Decision." *The School of Life* production. Retrieved from: https://youtu.be/okdsAZUTJ94.

一群盲人走近一只名为"大象"的动物，他们都不知道这种奇怪的动物到底长什么模样，所以他们决定通过触摸来了解。第一个人用手摸了摸象鼻，说："这种动物像一条很粗的蛇。"第二个人摸到了一只耳朵，他觉得这种动物长得像一把大扇子。第三个人摸着象腿，说大象是一根形如树干的柱子。第四个盲人把手放在侧边说："大象是一堵墙。"第五个人摸到了大象的尾巴，觉得它是一根绳子。第六个人摸了摸牙，说大象既坚硬又光滑，像矛一样。

在此引用查理·芒格的一句话："在所有模型中，80～90个重要的模型占了90%的权重，掌握它们就能让你拥有普世智慧。而在这80～90个模型中，只有个别几个含金量最高。"[1]

我们旨在收集、整理这些常识性的入门所需的思维模型。为了方便理解，我们会把这些思维模型与过往的案例和故事联系起来。我们的博客网站

---

[1] Munger, Charles. *Poor Charlie's Almanack*. Peter D. Kaufman ed. Missouri: Walsworth Publishing Company, 2005.

fs.blog 也会发布更多具有实用性的例子。

你的思维工具箱里的高质量思维模型越多，拥有理解问题所需的思维模型的概率越大。理解为王。理解越深刻，你能够采取的潜在措施越好；采取的潜在措施越好，未来你遇到的问题就越少。更好的模型可以帮助你做出更好的决策。

> 我认为人脑必须依靠思维模型来运转，
> 这是不可否认的事实。
> 诀窍在于，
> 这样做可以让你的大脑超越其他人的大脑，
> 因为它能理解最基本的思维模型，
> 也就是那些产出效率最高的思维模型。
> 如果你养成了良好的思维习惯，
> 学会将所读内容与底层思想的基本结构相结合，
> 你就可以逐步积累属于自己的智慧。[1]
> ——查理·芒格

---

[1] Munger, Charles. *Poor Charlie's Almanack*. Peter D. Kaufman ed. Missouri: Walsworth Publishing Company, 2005.

这很费时，但也大有裨益

成功人士会把大量（但总归是有限的）亘古不变的基础权威知识归档，再将其运用于评估现实世界中无限的具体场景。

重要的不只是了解思维模型。首先你必须学习这些思维模型，其次需要努力付诸实践。每次决策都是一个机会，你可以借机梳理自己的思维模型储备，尝试实际运用，因此你也可以学习如何真正使用思维模型。这在一开始可能反而会降低你处理问题的速度，模型也不一定每次都能选对，但磨刀不误砍柴工，假以时日，你对思维模型的运用一定会非常娴熟。

我们需要努力跨越知识边界，最重要的是，将我们学到的所有理念与现实本身相结合。没有哪个单一的思维模型可以囊括全部真相，不管真相到底是什么。如果我们不知道数学、生物学和心理学在现实中如何相互结合，不知道如何利用它们改善自己的生活，那么这些学科又有何用处呢？这就好比空有满仓的食材，却因为不知如何搭配、烹饪最终活活饿死。

人有失手，马有失蹄。有时你使用的思维模型并不是这种情况下的最佳选择。那也没关系，随着使用思维模型次数的增加，你可以不断积累相关的指标，从而提高思维模型的适配度。只要你培养意识，学会反思，持续学习，那么不断尝试、不断失败的过程就是你充实思维模型储备的过程。

> 学科划分就像划分国家一样,
> 都是迫不得已的事。人类的理性毕竟是有限的,
> 学科可以帮助我们简化目标,
> 将选项的数量压缩到我们能承受的范围内。
> 但狭隘主义无处不在,
> 世界迫切需要跨国、跨学科的旅行者,
> 将新的知识从一个飞地带往另一个飞地。[1]
> ——赫伯特·西蒙

你需要慎重选择在某种具体情况下使用的思维模型。运用时最好进行记录和反思,这样才能不断提高选择和应用模型的能力。记得留意你是如何运用思维模型的、整个流程是怎样的、运用的结果如何,你将逐渐了解哪些情况下最好使用哪些思维模型解决问题。不要因为一个思维模型不能立刻发挥作用就轻易放弃,多做深入的了解,试着分析思维模型运用失败的原因。也许是因为你的理解有待加强,也许是因为情况的某些方面被你忽略了,又或者是你关注的变量不对。所以要写日记,把经历都写下来,每找到一个有用的思维模型也要记录下来。接着,你可以深入探索它们的运用,学会更好地控制自己每天使用的思维模型。例如,努力克服确认偏误[2],学会退后一步,在自己和他人身上看到确认偏误的影响。一旦练习到位,在日常生活中,无论是阅读新闻还是考虑职业发展,你都会自然而然地应用思维模型。

1　Simon, Herbert A. *Models of My Life*. Cambridge: MIT Press, 1996.

2　确认偏误(confirmation bias)指人们会倾向于寻找能支持自己观点的证据,关注支持自己观点的信息,或者把已有的信息向能支持自己观点的方向解释。——译者注

正如我们所见，如果思维模型与运用的场景不适配，我们就会遇到问题。如果某个思维模型行之有效，我们就必须投入时间和精力去理解成功背后的原因，这样我们才能明白何时可以再次使用这个思维模型。一开始，过程比结果重要。使用思维模型的同时要对反馈循环保持开放的心态，不断反思和学习才能取得进步，整个过程会变得越来越容易，结果也会变得更行之有效，更容易记忆，也更具广泛的适用性。虽然本书的宗旨并不是具体教授如何提高决策能力，但它在无形之中就能帮助你做出更好的决策。思维模型绝不是在为冗长的决策过程编造借口，而是帮助你转换视角，不再以自己臆想的方式看待事物，学会真正看清事物的本质。这些知识自然会帮助你做出决定。现在你触碰到的还只是大象身体的一部分，所以你所做的一切决定都是基于自己的错误认知——"它像一堵墙或一根绳子，而非一只完整的动物。"一旦你开始汲取知识，了解别人对这个世界的认知，就像了解其他盲人对大象的看法一样，你成功的次数就会与日俱增，因为你的决策逐渐与世界的真实情况保持一致。

当你对这个世界的理解日渐清晰，当事物背后的原理对你来说不再那么神秘莫测，你就会对自己在这个世界的探索胸有成竹。成功会不断累积。成功的次数越多，意味着你拥有的时间越多，压力越小，最终收获更有意义的人生。

是时候开始了。

地图
不等于疆域本身

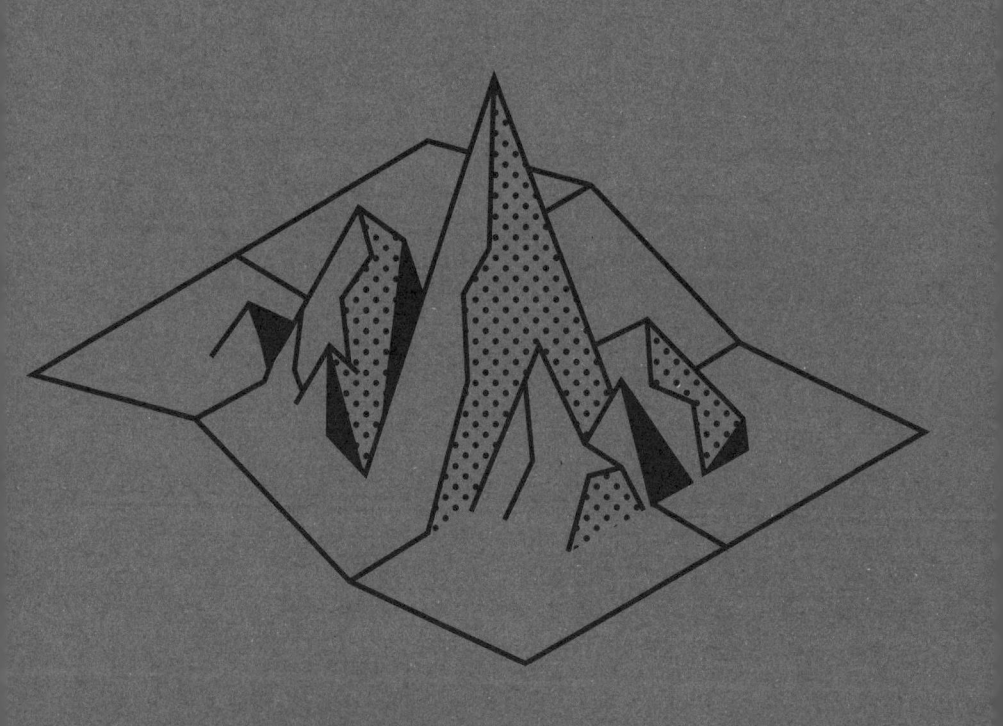

思维
模型 01

核对现实情况。

核对现实情况
在我们看来，地图比土地更加真实。[1]

——D.H 劳伦斯

---

[1] Lawrence, D.H. *Study of Thomas Hardy. Phoenix: The Posthumous Papers of D.H. Lawrence*, Edward McDonald, ed. London: William Heinemann, 1936.

反映现实的地图并非现实本身。即便是极其精细的地图也绝不完美，因为它们只是现实世界的缩影。如果一幅地图以最高的保真度来刻画疆域，它就不再是缩影，也因此失去了用途。地图也可能是在某个时间点的抓拍，其所代表的事物或许早已不复存在。在我们思考问题、做出决策时，记住这一点至关重要。

我们每天都会使用地图，地图帮助我们从一座城市去往另一座城市，帮助我们将复杂的事物简化。类似的例子还有财务报表（旨在简化处理一家公司成千上万笔复杂的交易）、关于办公流程的政策文件、关于如何养育幼儿的指导手册，抑或是你的绩效评估表。上述均为简化某些复杂领域的模型或"地图"，以便在过程中予以引导。

我们不能仅仅因为地图和模型带有瑕疵就忽略它们的重要性。地图的用处在于其具有解释性和预测性。

地图的要素

1931 年,数学家阿尔弗雷德·科日布斯基[1]在美国路易斯安那州新奥尔良市发表了一篇关于数学语义学的论文。如今看来,这篇论文的大部分内容晦涩难懂,充满技术性细节,论证的是数学与人类语言,以及这两者与物质现实之间的关系。

然而,正是在这篇论文中,科日布斯基开创性地引入了"地图不等于疆域本身"这一概念,随后逐渐被普及。换句话说,对事物的描述并非事物本身,模型不是现实,抽象出的概念并非被抽象的对象本身。具体而言,以下引用的是科日布斯基的原文。[2]

1. **地图与疆域的结构可能相似,也可能不同。**对旅客来说,伦敦地铁线路图实用性很强,但列车司机根本用不着它。地图十分有用,是对某片疆域的描述,但它具有一个特定的目的,不可能对所有人来说都有用。

2. **两个相似的结构具有相似的"逻辑"特征。**如果地图显示德累斯顿位于巴黎和华沙之间且地图没错的话,那么在现实中一定也是如此。如果你手中的地图描述了德累斯顿的具体位置,那你应该也可以借助这

---

[1] 阿尔弗雷德·科日布斯基(Alfred Korzybski, 1879—1950),波兰裔美国独立学者,他提出了系统的普通语义学理论,认为知识的边界在于我们的身体和语言能力。

[2] Korzybski, Alfred. *Science and Sanity*. New York: Institute of General Semantics, 1933.

张地图去往那座城市。

3. **地图不等于实际的疆域。**伦敦地铁线路图并没有描述站在考文特花园站里的感觉,你也不会用线路图来寻找地铁站的出口。

4. **一张理想的地图,其内容应该包括地图的地图、地图的地图的地图,等等,无限循环。**我们可以把这种特征称为"反身性"。想象一下,你去法国旅行,但手头的《巴黎指南》过于复杂,因此不得不再买一本《〈巴黎指南〉指南》……以此类推。理想情况下,这么做也不会遇到任何问题,但最终过于繁杂的细枝末节会让人应接不暇。

事实上,我们应对复杂现实的唯一方法就是对其抽象化。阅读新闻就是汲取他人抽象化之后的产物。作者首先吸收了大量的信息,再对这些信息进行分析、抽象,最后归纳出结论,与读者分享。但在这个过程中,信息会有所减损,我们可能会丢失那些被提炼成抽象概念的具体细节。此外,由于我们总把抽象概念奉为圭臬,却没有亲身经历艰苦繁重的脑力劳动,因此很难看出地图与实际疆域的区别。我们无意中忽略了地图并不是现实。

但我的全球定位系统没显示前方是悬崖

我们需要地图和模型作为向导,但我们常常忘记地图和模型都是抽象化之后的产物,因此也就无法理解它们的局限性。我们忘记了其实还有一片独立于地图之外的疆域,这片疆域涵盖了地图从未描述的细节。如果我们仅仅了解地图本身,而不是地图所描述的实际疆域,我们就会自讨苦吃。

一旦误把地图当作现实，我们就会自以为自己无所不知，会针对地图制定静态的规则或者政策，却忘记了我们身处的世界其实日新月异。一旦开始闭门造车，或者忽略反馈循环，我们就会对地形的变化熟视无睹，对新环境的适应能力随之降低。现实世界复杂混乱，想要简化一切的倾向情有可原。然而，如果目标只是进行简化，而非真正理解，我们就不免屡屡做出错误的决定。

我们不能把地图视作教条，地图和模型的意义并不在于作为静止的参照物永恒存在。世界是动态的。随着疆域的变化，我们的导航工具必须能够灵活地应对各种情况，或者适应云谲波诡的时代。如果地图或模型的价值与其预测或解释事物的能力挂钩，那它就需要具备现实的代表性。地图必须随现实的变化而变化。

以牛顿[1]物理学为例，数百年来，牛顿物理学一直是理解世界运作原理的有效模型。从重力到天体运动，牛顿物理学就是一张无所不包的"地图"。

直到 1905 年，阿尔伯特·爱因斯坦[2]提出狭义相对论，彻底改变了人类对宇宙的认知，取代了几百年前艾萨克·牛顿创立的理论。爱因斯坦打造了一张全新的地图。

---

[1] 艾萨克·牛顿（Isaac Newton, 1643—1727），英国博学家，史上最具影响力的科学家之一，他把地球的运转和宇宙的奇迹联系起来。他还担任过英国皇家造币厂厂长，任期长达 27 年。

[2] 阿尔伯特·爱因斯坦（Albert Einstein, 1879—1955），德国理论物理学家。爱因斯坦创造了相对论，打开了通往宇宙世界的大门。他有很多广为人知的事情，包括他的天赋、善良及他的发型。

牛顿物理学依然是一个非常有效的模型，可以针对大大小小的物体预测运动的轨迹，尽管其存在爱因斯坦指出的某些局限性。另外，爱因斯坦的物理学理论也不够完善：时移世易，物理学家越来越感到挫败，因为他们无法将这一理论与小规模量子物理学联系起来。未来可能还会出现新的地图。

物理学家做得很好而大多数常人做得很差的一件事是，他们仔细地界定了牛顿物理学和爱因斯坦物理学所能解释的事物。他们清楚地知道，这些地图在何种情形下可以有力地指导现实，又在何种情形下百无一用。进入量子力学等未知领域后，物理学家会仔细探索，而非假定现有的地图依然可以解释一切。

地图不是万能的

地图/疆域的最大问题在于，疆域的某些风险没有显示在地图上。如果我们不看路，一味地闷头参考地图行进，就会落入这些风险的陷阱。每个使用者都必须意识到，只有理解并尊重地图、模型或者任何抽象事物的局限性，才能真正理解它们本身。如果我们不明白地图能告诉我们什么信息、不能告诉我们哪些信息，那地图就毫无用处，甚至会带来危险。

我们还可以换一个思路。经济学家埃莉诺·奥斯特罗姆[1]写道，在研究共同资源的不同治理结构时，要谨慎使用地图和模型。比如"公地悲剧"模

1　埃莉诺·奥斯特罗姆（Elinor Ostrom，1933—2012），美国政治经济学家。2009年，她因对经济治理的分析，特别是与公地有关的问题，荣获诺贝尔经济学奖。

公地悲剧

"公地悲剧"是一则寓言,解释了为什么从社会整体的角度而言,公共资源的使用量会超出合理预期。加勒特·哈丁针对这个概念著述颇丰。

"想象一个向所有人开放的牧场。可以想见,每个牧民都希望将自己在公共用地上养牛的数量最大化。受部落战争、偷猎和疾病的影响,人类和牲畜的数量远远低于这片土地的最大承载量,这个牧场或许在几个世纪内都可安然无恙。然而,报应终将到来。这一天,社会稳定从渴望已久的目标变成了现实。此时此刻,公地的内在逻辑便无情地催生出悲剧。

"作为理性人,每个牧民都希望将自己的收益最大化。或明或暗,或多或少,牧民会有意识地扪心自问:'多养一头牛对我的效用有多大?'这个效用有一正一反两个结果。

1. 正面的结果是多获得一头牛的收入。由于多卖一头牛的全部收益都归这个牧民,正效用接近 +1。

2. 负面的结果是增加草地的负担,加剧过度放牧。然而,过度放牧的影响是由所有牧民共同承担的,因此对做决策的特定牧民来说,负效用小于 1。

"正负效用相加,理性的牧民会得出结论:对他来说,唯一明智的做法就是再增加一头牛、两头牛、三头牛……但这是每个理性的牧民都会得出的结论。于是,最终酿成了悲剧。

"每个人都被困在一个系统里,这个系统迫使他无限制地扩大自己的牛群规模,但这个世界上的资源是有限的。在一个崇尚公共资源自由的社会,每个人都在追求自己的利益最大化,那么所有人齐齐奔向的终点就是毁灭。公地自由会使所有人共同走向灭亡。"[1]

共同的资源最不受重视,因为所有人都更珍视属于他们自己的物品,胜过他们与别人共有的事物。
——亚里士多德

---

[1] Hardin, Garrett. *The Tragedy of the Commons*, Science, 13 December 1968, vol. 162, pp. 1243-48.

型，它描述了某个共享的资源是如何被不当激励破坏的。奥斯特罗姆担心，"公地悲剧"模型过于宽泛，没有考虑到人们在现实中如何解决这个问题。她解释了使用模型指导公共政策的局限性，即模型往往变成隐喻。

这些模型的危险之处在于，
那些为便于分析而假设恒定的约束条件，
在实证中竟也被理所当然地认为是固定不变的。[1]

这是一个双重问题。首先，拿着一张通用地图，我们或许会假定，只要某一疆域的几个区域与地图吻合，它就与地图完全匹配。其次，我们可能认为遵循地图的重要性大于获取关于某一疆域的最新信息。奥斯特罗姆断言，在公共政策讨论中使用模型作为地图的主要价值就在于由此引发的思考。模型是探索的工具，而非强迫他人服从的教条。模型是指南，而非法律。

请记住，
所有模型都是错误的。
实际问题是，
它们到底要错到何种程度才会彻底丧失用途。
——乔治·博克斯

---

[1] Ostrom, Elinor. *Governing the Commons: The Evolution of Institutions for Collective Action.* UK: Cambridge University Press, 1990.

为了尽可能准确地使用地图或模型，我们应当考虑以下三个重要因素：

1. 最终仍以现实为准；
2. 考虑制图师的因素；
3. 地图可以影响疆域。

最终仍以现实为准： 当我们进入一个此前不甚熟悉的全新领域时，最好有一张地图在手。不管是第一次去往某座城市旅行，还是第一次为人父母，我们都可以使用地图来提高应对能力。但疆域会发生变化，并且变化的速度有时会超过地图或模型的更新速度。我们可以且应该根据自己处在这一疆域的亲身经历来更新地图，这就是完善的地图构建方式：由探索者创造的反馈循环。

我们可以试着用地图的思路来分析刻板印象。有时，刻板印象行之有效，因为我们每天都要处理大量的信息，而像刻板印象这样经过简化的知识块可以帮助我们快速分类整理信息。但危险就在于我们时常忘记疆域本身远比地图复杂，人类的复杂性、多面性也远超刻板印象所能代表的范畴。

20 世纪初，欧洲人在巴勒斯坦各地拍摄照片，留下的记录可能反映了他们的人种学视角，但卡里梅·阿巴德[1]认为这一视角无法代表她对自己民族文化的看法，于是她开始为自己身边的人拍照，成为在巴勒斯坦创办照

---

[1] 卡里梅·阿巴德（Karimeh Abbud, 1893—1955），巴勒斯坦专业摄影师，也被称为"淑女摄影师"，是一位生活和工作在黎巴嫩和巴勒斯坦的艺术家。

相馆的第一位阿拉伯女性。她的摄影作品基于这片疆域的不同视角：拒绝欧式风格，旨在捕捉中产阶级的真实面貌。她试着用照相机记录下她眼里的土地，而不是刻意操纵图像只为遵循既定的叙事。

她非正式的风格，及其坚持拍摄从风景照到私房照等各类照片，给世人留下了远超照片本身的宝贵财富。[1,2] 她为探索巴勒斯坦的历史提供了一个与众不同的视角、一张崭新的地图。

但我们必须记住，地图记录的只是某一特定时刻的疆域情况。即便地图准确地描绘了过去的模样，也不能保证它一定可以精准描述现状或者将来的情况。疆域的变化速度越快，地图就越难与时俱进。

**从发展历程来看，
地图详细地描述了人类思想的变化，
很少有作品能像地图这样出色地反映
人类的文化和文明。**[3]
——诺曼·思罗尔

1　Nassar, Issam. *Early Local Photography in Palestine: The Legacy of Karimeh Abbud.* Jerusalem Quarterly. Issue 46, Summer 2011.

2　Mrowat, Ahmed. *Karimeh Abbud: Early Woman Photographer.* Jerusalem Quarterly. Issue 31, Summer 2007.

3　Thrower, Norman J.W. *Maps and Civilization: Cartography in Culture and Society.* Chicago: University of Chicago Press, 1999.

考虑制图师的因素： 地图并非纯粹客观的产物，它还反映了创作者的标准、价值观及局限性。世界地图上不断变化的国界就证明了这一点。国家的兴衰取决于政治、文化敏感性的变化。在看待今天的世界地图时，我们会倾向于把社会和国家联系在一起，总以为国界反映了一个国家内所有人的共同身份。

> 作为人类努力发展出的一门学科，
> 制图学拥有生动而悠久的历史，
> 它很好地反映了不同时期文化活动的状态，
> 以及人类对世界的认知。
> 虽然制图学本质上是门技术，但就像建筑一样，
> 它也具备科学和艺术追求的属性。
> 艺术与科学的二元划分
> 并非在所有情况下都是非黑即白的。[1]
> ——诺曼·思罗尔

然而，正如历史学家玛格丽特·麦克米兰所言，民族主义是一个非常现代的概念，可以说，民族主义是随着（而不是先于）设定国界的地图发展起来的。[2] 所以，我们不应笃定地图一定是对地理疆域的客观描绘。比如，历史学家指出，叙利亚、约旦和伊拉克的现代边界反映了英法两国在第一

1　Thrower, Norman J.W. *Maps and Civilization: Cartography in Culture and Society*. Chicago: University of Chicago Press, 1999.

2　MacMillan, Margaret. *The Uses and Abuses of History*. Toronto: Penguin, 2008.

思考的框架

次世界大战后维持其在中东影响力的决心。[1] 因此,地图更多地体现的是西方国家的利益,而不是当地的风俗和组织架构。也正因此,只有将模型置于其诞生的背景下,才能发挥最大的作用。制图师想要达到什么目的?其目的又能如何影响地图所描述的内容?

> 一般而言,在建立统计模型时,
> 一定不要忘记我们的目标是了解真实的世界,
> 或者进行预测、选择行动、做出决策、总结证据等等,
> 切记一定是关于现实世界的,
> 而不是一个抽象的数学世界:
> 我们的模型毕竟不是现实本身。[2]
> ——戴维·汉德

地图可以影响疆域: 这是简·雅各布斯[3]在其开创性著作《美国大城市的死与生》中提出的核心论点之一。她记录了城市规划者的努力,他们就城市设计和组织提出了精确的模型,却对城市的实际运作方式熟视无睹,试图将城市纳入他们的模型。她描述了城市如何按照模式进行改造,以及改造通常带来的后果。"人们开始为统计学意义上的城市制定总体规划,而且态度反而更加认真,因为我们都习惯于相信地图和现实不一定相关;如

---

1 关于第一次世界大战后中东的分裂,以下分析值得借鉴: MacMillan, Margaret. *Paris 1919: Six Months that Changed the World*. New York: Random House, 2001。

2 Hand, David J. *Wonderful Examples, but Let's not Close Our Eyes*. Statist. Sci. 29 (2014), no. 1, 98-100. doi:10.1214/13-STS446。

3 简·雅各布斯(Jane Jacobs, 1916—2006),美裔加拿大籍记者、作家和活动家,她对城市研究、社会学和经济学的发展产生了重要影响,她的工作极大地影响了北美城市的发展。

管理模型

以管理模型为例,我们有成百上千种管理模型,最早至少可以追溯至弗雷德里克·泰勒(Frederick Taylor)的《科学管理原理》。他提出工厂管理人员要将大任务分解成小任务,迫使工人进行专业化分工,并通过财务激励提高工人的工作效率。这种方法看似简单粗暴,实际效果很好。

物换星移,随着经济的发展不再以制造业为核心,其他管理理论流行起来,泰勒的科学管理模型逐渐沦为明日黄花,风光不再。但这并不意味着它从此就一无是处了:它曾一度发挥很大的作用,只是现实远比泰勒的模型复杂。在现实中,一个模型至少需要经受下列因素的考验:

1. 随着越来越多的人知道你在用什么模型操纵他们,他们可能会决定不再回应你的激励措施。

2. 你的竞争对手在了解到你所运用的模型后,也会采用同样的模型,从而抵消了你的竞争优势。

3. 这个模型最适用的场景可能是工厂环境,而不是办公室或者技术环境。

4. 人类不像机器人那么简单:一个更完整的模型应该专注于除财务动机之外可能的其他动机。

显然,尽管泰勒的模型在一段时间内行之有效,但依然有其局限性。就像爱因斯坦的理论让牛顿相形见绌,更好的模型总会应运而生。

果不相关,那我们就可以通过改变现实最终使得二者相关。"[1]

可以说,雅各布斯的这本书就是一个警世故事。它告诉我们,倘若对模型的信任影响到我们在疆域内所做的决策,倘若我们强行将复杂的现实融入简化的模型,那么究竟会在现实中酿成何种后果。

结论

地图历来是人类社会的一部分,它们是传递知识的宝贵工具。然而,在使用地图、模型和抽象概念时,我们必须始终清醒地意识到它们的局限性。顾名思义,以上这些工具都是复杂事物的简化版,其中至少有一个主观因素。我们还需要记住,它们只是诞生于某个特定的时刻。

这并不意味着我们从此就不能再使用地图和模型。我们总得使用某种模型来简化这个世界,从而更好地与世界相处。我们不可能亲自丈量每寸土地。我们可以将地图作为指引,但不能让地图成为阻碍,影响我们发现新的疆域或者更新现有的地图。

虽然我们也可以通过观察地形来探路,但这种方法并不总能行得通。地图和模型可以帮助我们理解周围的世界,学会感同身受。缺陷并不妨碍它们成为有效的工具,为我们所用。要想提前布局,我们的思维就必须超越地图本身。

---

[1] Jacobs, Jane. *The Death and Life of Great American Cities*. New York: Vintage Books, 1992. (Original published 1961). Page 438.

地图必然有缺陷

地图或模型是必不可少的,但也必然存在缺陷。刘易斯·卡罗尔[1]曾经在一个叫作"西尔维娅和布鲁诺"的故事中对此进行了讽刺。故事中的一个人物认为,国家应该以1:1的比例绘制一张地图。显然,这样一张地图可以避免普通地图的局限性,但它同时也失去了地图的作用。你没法用它指路,这张地图装不进口袋,也放不进车里。我们之所以需要地图,就是需要它把实际的疆域按比例缩小。

1

刘易斯·卡罗尔(Lewis Carroll, 1832—1898),英国数学家、逻辑学家、童话作家、牧师、摄影师,代表作有《爱丽丝梦游仙境》(1865)。——译者注

图片来源:Harry Furniss, Sylvie and Bruno Concluded, 1893/Wikipedia.

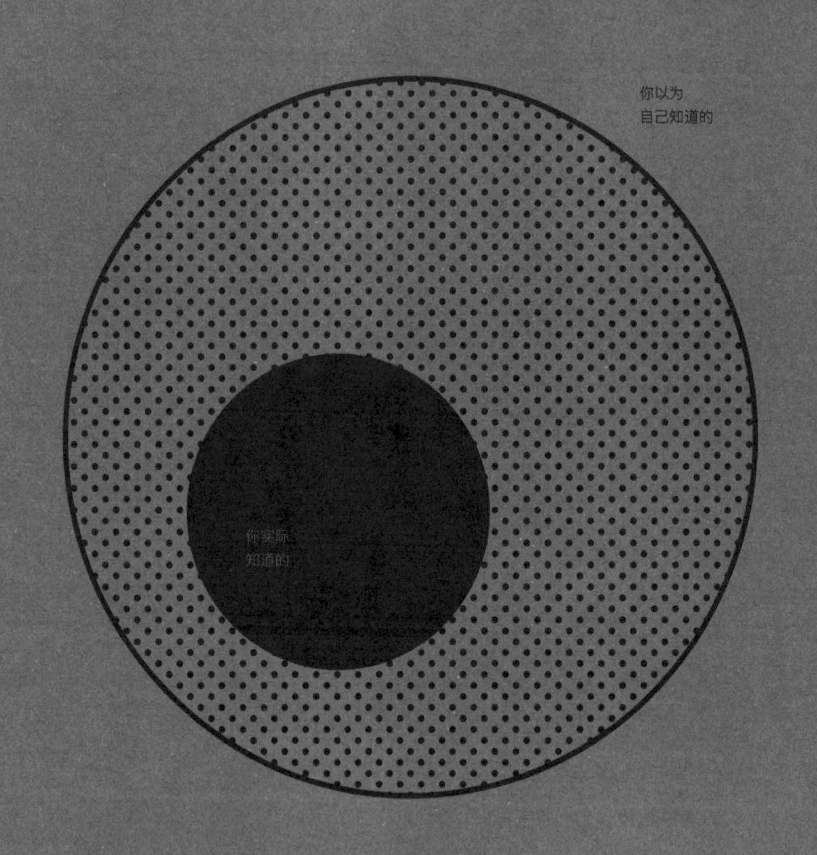

能力圈　　　　　　　　　　思维模型 02

你以为
自己知道的

你实际
知道的

———
你的知识盲区在哪里？

我不是天才,我只是在某些地方很聪明,而且我会待在那些地方的附近。[1]

——托马斯·沃森

---

[1] Watson, Thomas J., and Peter Petrie. *Father, Son, & Co.: My Life at IBM and Beyond*. New York: Random House, 2013.

如果我们做事的驱动力是自尊心，而非自身能力，我们的头脑中就会存在盲点。知道自己真正理解什么，就会明白自身的优势所在。同样，虚心承认自己的知识盲区，就能了解自己的薄弱之处和进步空间。了解自己的能力圈可以改善决策和由此产生的结果。

为了最大限度地利用这种思维模型，我们将着重探讨以下内容。

1. 什么是能力圈？
2. 怎样才能得知自己何时拥有了能力圈？
3. 如何打造和维护自己的能力圈？
4. 怎样应对能力圈之外的事物？

什么是能力圈？

假设有这样一个老人，他一辈子都生活在一个小镇上。老人是个"万事通"，多年来，镇上哪怕是一点儿风吹草动都逃不过他的眼睛。他知道镇上每个人的血统、行为、态度、职业、收入和社会地位，通过长期观察并参与城镇事务，他一点一滴地积累了这些知识。

"万事通"知道镇上住户的尸体都被埋在哪里、分别是谁埋的;他知道谁欠谁的钱、谁和谁关系好,或者谁是这个小镇赖以生存的支柱;他知道镇长偷税漏税的事;他知道那次洪灾小镇被淹的时候,水究竟涨到多高;他也确切地知道谁帮助了谁、谁没有帮。

这时候,有一个陌生人从大城市来到镇上。短短几天,陌生人就自以为自己对这个小镇无所不知。他见过镇长、治安官,也见过酒保和小店老板,可以熟门熟路地四处走动。这个小镇不过是个芝麻点儿大的地方,他还从未遇到任何稀奇的事情。

陌生人坚定地认为,凡是"万事通"知道的事情,他也都差不多一清二楚。他很快就用敏锐的目光对这个小镇做出了判断,他根据目前已知的信息做出假设,认为自己掌握的知识足以帮助他开展业务。但这其实是一种虚假的自信,可能导致他最终承担的风险远超预期。不深入了解这个小镇的历史,他怎么能确定自己选择了适于开发的土地?又如何确定自己通过谈判争取到了最优惠的价格?

毕竟,和"万事通"相比,他哪里有什么知识呢?

一边是"万事通"头脑中详细的知识网络,另一边是陌生人头脑中浅尝辄止的所谓知识,二者的区别生动地诠释了什么是处于能力圈之内、什么是处于能力圈之外,对复杂领域的真正理解是伪造不来的。"万事通"很快就能把陌生人难倒,陌生人却做不到。因此,只要"万事通"身处自己的能力圈之内,他就可以利用对现实更加准确的理解来做决策。有了这种深

思考的框架

刻的认知，他就可以灵活地应对挑战，因为他对每个问题很可能都有不止一个解决方案。深入的理解帮他提高了效率，他可以迅速排除糟糕的选项，因为他拥有每一块拼图。

倘若你认真对待"万事通／陌生人"这一理念，也试着仔细划分自己的优势领域，那会发生什么？没有一个明确的清单可以帮你解决以上问题，但如果你没有至少几年的经验，没有几次失败的经历，你根本不配称自己在某个领域富有竞争力。

> 不用乡导者，
> 不能得地利。
> ——孙武

对大多数人来说，攀登珠穆朗玛峰肯定超出了能力圈边界。我们不仅不知道该怎么做，更可怕的是，倘若真去尝试，我们甚至都不知道自己不知道什么。经过努力地学习钻研，我们也许可以弄清楚一些最基本的常识，我们可以了解相关的训练、装备、流程和季节等门外汉很快就能掌握的知识。但到底要学到什么程度才能胸有成竹地开启登顶之旅，确保自己一定可以顺利返回、安然无恙？你对自己的判断又有多少信心呢？

珠穆朗玛峰上大约有 200 具尸体（且不说还有一些已经被移走）。这些逝者曾经都以为自己可以活着登顶，活着返回。严寒保存了他们的尸体，仿佛大自然向世人发出的警告。随着你一路向顶峰发起进攻，你会想到那些曾与你有着同样梦想的人，他们的尸骨始终震慑着你。

历史记载，人类首次尝试攀登珠穆朗玛峰是在 1922 年。自那以后，所有登山者都要请夏尔巴人做向导，仰仗他们的专业知识。夏尔巴人是这一地区的原住民，从小就在珠穆朗玛峰附近长大，近水楼台先得月，得天独厚的地理优势培养了他们登顶必备的技能。

夏尔巴人丹增·诺尔盖[1]率领的登山队实现了首次登顶[2]，之后四分之一的登顶记录都是由夏尔巴人创造的（有些人攀登的次数甚至多达 16 次）[3,4]。尽管对所有人来说，山峰的危险程度都是一样的，但大多数攀登珠穆朗玛峰的登山者都只尝试过一次。对夏尔巴人来说，攀登这座山的各个区域就是他们的日常工作。没有他们的帮助，你会尝试攀登珠穆朗玛峰吗？

要想登顶，单单是对体力的要求就高到令人咋舌。该地区并不适宜人类生存，空气中缺乏足够的氧气，山顶又经常受到时速超过 240 千米的狂风的冲击，比 5 级飓风的威力还要大。你不可能因为一时兴起就顺利登顶，也不可能靠运气生还。诺尔盖做了多年的徒步搬运工，也曾在 1935 年加入一个珠峰攀登队。经过 20 年在该地区的攀登和徒步旅行，终于在

---

1   丹增·诺尔盖（Tenzing Norgay，1914—1986），原名朗杰·旺迪（Namgyal Wangdi），夏尔巴人，尼泊尔探险家，《时代》杂志将他评为 20 世纪最具影响力的 100 人之一。

2   Pierce, Robert. "Tenzing Norgay Sherpa." From Tenzing Norgay Adventures website.Retrieved from: http://www.tenzing-norgay.com/pages/tenzing-norgaysherpa.html.

3   Roberts, David. "Everest 1953: First Footsteps–Sir Edmund Hillary and Tenzing Norgay." NationalGeographic.com. Retrieved from: https://www.nationalgeographic.com/adventure/ features/everest/sir-edmund-hillary-tenzing-norgay-1953/.

4   Schaffer, Grayson. "The Disposable Man: A Western History of Sherpas on Everest." *Outside Online*, July 10, 2013. Retrieved from: https://www.outsideonline.com/1928326/disposable-man-western-history-sherpas-everest.

1953 年成功登顶。他在许多次失败（不幸中的万幸）中培养了自己的专业技能。登顶珠峰之后，诺尔盖开办了一所登山学校，专门培养当地人成为登山向导，还成立了一家登山公司，带领更多的人挑战喜马拉雅山脉。

就攀登珠穆朗玛峰所需的能力而言，诺尔盖是最接近"万事通"的人。

怎样才能得知自己何时拥有了能力圈？

在我们的能力圈边界内，我们可以确切地知道自己不知道的事情，能够快速且相对准确地做出决定。我们非常了解做决策需要理解的额外信息，甚至了解哪些信息难以获取。我们知道什么是可知的、什么是不可知的，并且能够明确地区分这两者。

我们可以预测和回应反对意见，因为此前早有耳闻，也已经努力掌握了相应的知识加以应对。在能力圈内，不论遇到什么问题，我们都有多种选择。熟练掌握所学的科目意味着我们可以利用不同的信息资源，意味着我们能够理解什么可以调整，以及什么是永恒不变的。

能力圈不是一天就能打造的，我们无法在一夜之间成为"万事通"。这不是上几门课或者为某件事钻研几个月就能实现的，成为"万事通"需要的绝不仅是蜻蜓点水的表面功夫。亚历山大·蒲柏在诗作《批评论》中这样写道：

> "一知半解是件危险的事情；
> 比埃里圣泉水要深吸，否则别饮：
> 浅浅喝几口导致大脑混沌，
> 痛快畅饮反会使我们清醒。"[1]

理解是没有捷径可言的，打造能力圈需要多年的经验、试错，并积极寻求更好的实践和思考方法。

如何打造和维护自己的能力圈？

最基本的要求是，你不能认为自己的能力圈是理所当然的。你不能把它当作一种静态的事物来操作，觉得一旦确立便可坐享其成、一劳永逸。世界是动态变化的，知识日新月异，你的能力圈也必须同步更新。

打造和维护自己的能力圈涉及三个关键因素：好奇心和求知欲、监测，以及反馈。

首先，你必须愿意学习。学习等于经验加反思，你可以从自己过往的经历中学习，也可以通过书籍、文章和对话从别人的经验中学习。倘若一切新知都只依靠自学，那么不仅成本高昂，速度也太过缓慢。一己之力微

---

[1] Pope, Alexander. "An Essay On Criticism." Poetry Foundation, n. d. Retrieved from: https://www.poetry-foundation.org/articles/69379/an-essay-on-criticism.

弱，从别人的经历中学习则更富成效。你需要永葆好奇心，积极找寻能够帮助你扩展、巩固自身能力圈边界的知识。

> 要从别人的错误中学习。
> 你不可能活得足够长，
> 亲自犯下那么多的错误。
> ——匿名

其次，针对自己已经或想要确立能力圈的领域，你需要监控自己的业绩记录，更要有勇气对自己进行诚实的监测，这样才能最大化地利用反馈。

我们常常过度自信。研究表明，大多数人在开车、恋爱、管理和交易等诸多方面的表现都比自己想象的糟糕得多。这背后的原因在于我们缺乏坦诚的自我汇报，我们没有如实记录，因为并不是真心想知道自己擅长什么、不擅长什么。在准确理解现实的道路上，自尊心是一只凶猛的拦路虎。

但如果你想要评估或打造自己的能力圈，这样是行不通的。如果你在投资股票，你就需要准确记录你的每一笔交易；如果你身处领导岗位，你需要观察和记录你的每个决策最终达成的结果，并根据你最初希望实现的目标来评估这些决策的效果。你需要坦然面对自己的失败，以便积极反思并从中吸取教训。这些都是必备的技能。

记录自己的表现是最简单、最私密的自我反馈方式。日记可以让你跳出自己的思维定式，扪心自问：是哪里出了差错？怎样才能做得更好？通过监测自己的表现,你可以看到以往看不到的规律。这种类型的分析可能有损自尊心,但它有助于你打造能力圈。如果你不知道自己哪里做错了,那你永远也无法进步。

最后,你还必须偶尔征求外部反馈,这有助于你打造自己的能力圈,也是维护能力圈的关键。

很多专业人士都受自尊心问题的困扰:他们对自己的看法与别人对他们的看法不一致。人们需要了解这些外部观点以做出改变,我们需要请值得信赖的人就我们的特质给出诚实的反馈。这些人有能力观察我们在自己的能力圈内的操作,因此可以就我们的能力发表相关的看法。还有一个办法就是聘请一位教练。

阿图·葛文德[1]是美国最优秀的外科医生之一。曾经有一段时间,他想进一步提高自己作为外科医生的能力,于是聘请了一位教练。这对任何人来说都是艰难的一步,更不用说医生了。起初,他对此尴尬万分,他上一次接受他人评估还是十多年前在医学院读书的时候。他问道:"为什么我要接受他人的审视和挑剔呢?"[2]

---

1 阿图·葛文德(Atul Gawande,1965—),美国外科医生、作家、公共卫生研究员。他在波士顿行医,是哈佛大学的教授,自1998年以来一直是《纽约客》杂志的特约撰稿人。

2 Gawande, Atul. "Personal Best," *The New Yorker*, October 3,2011.Retrieved from: https://www.newyorker.com/magazine/2011/10/03/personal-best(Accessed January 23, 2018).

聘请教练并非毫无效用。葛文德从中取得了两点收获：第一，葛文德收获了他自己看不到、他人也不愿指出（当然也未必能注意到）的东西——他本人技能和技术的欠缺之处；第二，他学会了向其他医生提供更好的反馈。

如果没有外部视角，维护能力圈是极其困难的。我们总是有太多的偏见，因此完全依赖我们自己的观察并不可靠。寻求外部反馈需要勇气，所以若你产生了抵触情绪，试着把注意力转移到你希望达成的结果上。

怎样应对能力圈之外的事物？

成功运用能力圈的其中一步就是知道自己什么时候处于能力圈之外，也就是还没有足够的能力做出决策。既然我们不可能拥有解决所有事情的能力，那么如果我们对某个领域一无所知，是个彻头彻尾的"陌生人"，而周围满是"万事通"，那我们该怎么做呢？我们不可能总是待在自己擅长的领域内，接触陌生事物的情况时有发生，因此我们必须储备一整套技能用于应对自己不熟悉的领域。[1]

要想成功应对能力圈之外的事物，要点有三。

1　拥有能力圈就意味着你知道自己在何种情况下并非做决策的最佳人选，而且在这时，你能够让在这个领域具备比较优势的人代你做决定。

动机问题与信息不对称

动机会扭曲他人能力的可信赖程度，这在金融领域尤为明显。直到最近，几乎所有金融产品都附带佣金。换句话说，理财顾问会根据佣金的多寡，而非理财建议的优劣来推荐产品。幸运的是，股票和债券市场指数型基金的兴起已经在很大程度上缓解了这一问题。

面对像理财顾问这样的情况，我们必须先详细地了解他的薪酬结构，才能获得做决策的依据。

同样的道理也适用于采购家具、购买房产，或者在零售店选购洗衣机。这么在行的销售员到底能从我们的订单中得到什么好处？

当然，这个道理不仅适用于销售领域。每当我们得到建议时，建议提供方的动机构成都与我们不同。承认这一事实并据此采取行动，这并不是愤世嫉俗。

假设我们要把车送到汽车修理工那里。我们大多数人，尤其是在当今这个时代，对汽车修理都一窍不通，因此很容易被敲竹杠。信息不对称不仅存在于有关汽车运作原理的基础知识方面，甚至还存在于对汽车目前实际问题的认知方面。我们从没打开过汽车引擎盖，但汽车修理工打开过。我们知道他在这种情况下的动机：让我们尽可能多地花钱，同时还能留住我们作为他的常客。至少在我们对这位汽车修理工产生一定程度的信任之前，唯一的解决方法就是忍一忍，亲自学习一点儿汽修知识。

幸运的是，如今有了互联网的帮助，真正学起来也不难。我们甚至不用提前学习，只要在有需要的时候按需学习。在这种情况下，方法便是推迟有关大额消费的所有决定，直到你腾出时间去网上查阅相关信息，至少确认汽车修理工不是在虚张声势，故意唬人。

1. 至少要了解一些这个陌生领域的基本知识，同时承认自己只是"陌生人"，而非"万事通"。但要记住一点，基础知识很容易获得，并且往往会给习得者带来盲目的自信。

2. 主动与该领域内的优秀人才交流。花时间做一点儿功课，至少确定一下你需要问哪些问题，以及需要哪些信息才能做出理智的决策。别人代替你来回答问题，那是"授人以鱼"；向他们提出经过自己深思熟虑的详细问题，那就是请他们"授人以渔"。此外，如果你需要别人的建议，尤其是在风险较高、涉及利益较大的情况下，那就问一些问题来试探他们的能力圈边界，然后自问此时的情形会如何影响他们提供给你的信息。

3. 利用对基本思维模型的了解弥补自己对陌生领域知识的匮乏。这可以帮助你确定最有用的基本概念，这些概念可以指导你应对目前的处境。

我们难免会遇到自己不熟悉、不擅长的领域，即便是在你擅长的专业方面也是如此。我们的能力圈不可能囊括整个世界。即使小心翼翼地探索自己的能力圈边界并予以认真对待，我们也不可能总是在自己的能力圈内活动。生活本就没有那么容易。哪怕根本不懂心理学，我们也不得不做出人力资源方面的决策；哪怕在技术出现问题时毫无头绪，我们也要硬着头皮实现技术的落地；哪怕没有做到百分之百地理解客户需求，我们也要先行设计产品。这些决策也许处于我们的能力圈之外，但还是要咬咬牙先做出来。

英国女王伊丽莎白一世[1]即位时，她的统治地位摇摇欲坠。在她父亲、哥哥和姐姐的统治下，动荡的岁月造成了不稳定的政治局势。彼时，英格兰正处于一场宗教危机之中，威胁到了王国的稳定，甚至已因宗教而分裂。

伊丽莎白知道，统治一个国家在某些方面超出了她的能力圈。她接受过良好的教育，加冕之前的人生大部分时间都只是在谋求生存。也许正因如此，她能够发现并承认自己的知识盲区。

在作为女王的首次演讲中，伊丽莎白宣布："我打算以良好的建议和忠告来指导我所有的行动。"[2] 她简要规划了成为女王后的目标，开始建立自己的枢密院——实际上就是皇家顾问委员会。她没有照搬前任君主的做法，即将相同的宗教价值观作为唯一的筛选标准，在委员会里塞满唯唯诺诺或腰缠万贯却一无所长的人。伊丽莎白将新旧融合，谋求稳定性和连贯性。她把委员会控制在较小的规模，以便进行真正的讨论，希望大家畅所欲言、各抒己见。[3]

在很大程度上，正是得益于委员会提出的建议是接受公开辩论、集众家之所长的产物，伊丽莎白将英格兰从一个动荡不安、迫害频繁的国家，变成

1　伊丽莎白一世（Elizabeth I, 1533—1603），英格兰及爱尔兰女王。作为历史上最著名的君主之一，她的形象及其给世人留下的宝贵财富一直引人遐想。她是一位伟大的演说家，能说11种语言，会亲自撰写演讲稿和书信。

2　Tudor, Elizabeth. "Wordes Spoken by the Queene to the Lordes." Speech to members of the House of Lords, Hatfield, November 20, 1558. National Archives. Retrieved from: http://www.nationalarchives.gov.uk/education/resources/elizabeth-monarchy/elizabeths-first-speech/.

3　Brimacombe, Peter. *All the Queen's Men: The World of Elizabeth I*. New York: St. Martin's Press, 2000.

思考的框架

了一个可以激发公民忠诚和创造力的国家，为日后发展为殖民统治全球近四分之一土地的庞大帝国奠定了基础。

结论

重要的是，我们必须记住，能力圈一定是有边界的。我们只能在有限的领域内培养做正确决策的能力。在任何特定的情形下，都一定有人已经具备该领域的能力，投入了时间和精力来真正理解相关的信息。

同样重要的是，我们还需要记住，没有人的能力圈可以涵盖一切，能够深入理解的知识是有限的。因此，找到自己的能力圈，知道在能力圈边界外应该如何行事至关重要。

> 无知往往比知识更容易带来自信。[1]
> ——查尔斯·达尔文

---

[1] Darwin, Charles. *The Descent of Man, and Selection in Relation to Sex.* New York: D. Appleton and Company, 1882.

配套理念一
可证伪性

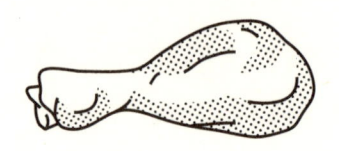

卡尔·波普尔曾写道:"当且仅当一个理论与可能的经验发生冲突,因此原则上可以被经验证伪时,这个理论才属于实证科学。"[1] 这里的重点是,如果你无法证明某个理论是错的,那你也就不能证明它是对的。

因此,用波普尔的话来说,科学要求可验证性:"如果观察显示,预测出的影响确实不存在,那么该理论就可以被轻易地驳斥。"这意味着,良好的理论必须含有风险因素,也就是说,它得冒着被证明是错误的风险。它必须能够在规定的条件下被证伪。

与伪科学相反,在真正的科学中,你可以轻易说出:"如果 x 事件发生了,那就证明理论 y 是错误的。"然后我们可以设计一个物理或者思想实验,来弄清楚 x 事件是否真的发生了。证伪是验证的对立面,你必须试图证明这个理论是错误的,如果你做不到,那实际上就强化了这一理论的真实性。要理解它在实践中是如何运作的,不妨想一想进化。随着基因突变的出现,自然选择会慢慢淘汰那些无用的特征,从而增强种群的适应性。

考虑一下在弗洛伊德精神分析理论的背景下,波普尔对可证伪性这一概念的讨论。弗洛伊德的精神分析理论大致是关于压抑的童年记忆会影响我们的潜意识,进而影响我们的行为。波普尔谨慎地表示,无法证明弗洛伊德学说是对的还是错的,至少在某种程度上如此。可以说,我们根本不知道这一理论是否正确,因为它没有做出任何可供验证的具体预测。它可能包含了许多真理,但我们无法判断。我们必须换种方式重新叙述这个理论,才可通过经验予以反驳。

波普尔的另一项成就是对他所称的"历史决定论"发起的攻击。"历史决定论"认为,历史自有其固定的法则或者趋势,会不可避免地导致某些结果。一旦信奉"历史决定论",我们就会用过去的例子对将来发生的事情下结论。

波普尔认为,这种思维方式就是不折不扣的伪科学。更糟糕的是,"历史决定论"或许是一种危险的意识形态,诱使那些潜在的国家规划者和乌托邦主义者控制社会。他不认为像"历史决定论"这种学说是可证伪的。例如,近来许多人宣称人类社会存在"技术复杂性增强定律"(Law of Increasing Technological Complexity),但我们其实没有办法检验这一定律是否存在,因为它实际上并不是一个可以检验的假设。我们不将其称为解释,而是称为定律,或者使用其他一些具有类似含义的词语,其实就意味着一种恒定不变、

当且仅当一个理论与可能的经验发生冲突，
因此原则上可以被经验证伪时，
这个理论才属于实证科学。

——卡尔·波普尔

不接受辩驳的状态，从而赋予了它们不合理的权威性。通常情况下，这些假定的定律不会受到证伪证据的影响，因为任何新的证据都要从该理论的角度做出解释。

例如，我们肯定可以找到相应的证据证明，人类已经以一种明确的方式，朝着技术复杂性日益增强的方向发展。但这是不是不容侵犯的历史法则？难道永远都是这样的吗？无论最初的条件是什么，无论过程中出现了怎样的发展，人类总是会提高自己的技术实力吗？我们真的没法确定。

在这里，我们遇到了一个问题，即试图确定人类历史发展必然依赖的基本法则。趋势不是命运。即便我们能够推导和理解人类生物本性的某些规律，历史发展的趋势本身还是取决于特定的条件，而条件是不断变化的。

伯特兰·罗素提出的一个经典的关于归纳主义者的例子就很好地印证了这个概念。[2] 一只火鸡发现，自它开始观察以来，主人每天都会喂食给它，因此它得出结论，喂食是有保障的，会永远持续下去。喂食看似一种不变的定律，直到这只火鸡被宰杀的那一天。因此，喂食只是一种趋势，并不能预测未来事态的发展。

看待这个问题还有一个角度，那就是我们对待历史上最糟糕的事件的态度。我们倾向于认为已经发生的最糟糕的事情就是可能发生的最糟糕的事情，然后为此做好准备，但我们忘记了目前历史上"最糟糕的事情"其实也打破了在这件事情发生前人类对最坏情况的认知。因此，我们需要未雨绸缪，充分准备好应对所有可能的极端情况，而非仅仅针对目前已经出现的情况。

运用可证伪性可以帮助我们筛选更稳健的理论。倘若因缺乏测试的手段而无法将理论证伪，那么我们能做的就是尝试确定理论正确的概率。

---

[1]
波普尔关于可证伪性的理论来自他的以下著作：《科学发现的逻辑》(*The Logic of Scientific Discovery*)、《历史决定论的贫困》(*The Poverty of Historicism*) 和《人生不过是解决问题》(*All Life is Problem Solving*)。

[2]
Russell, Bertrand. *The Problems of Philosophy*. New York: Henry Holt and Company, 1912.

待在你的能力圈里

沃伦·巴菲特很好地阐述了能力圈在投资领域的概念。当被问及这个问题时，他建议每个人都坚持自己的专长，不要偏离方向，误入歧途。因为一旦偏离得太远，我们就可能进入完全陌生的领域，不知道自己的知识盲区在哪里，甚至不知道该问哪些什么问题。

为了进一步解释这一观点，巴菲特举了一个俄罗斯移民罗丝·布卢姆金的例子，她经营着巴菲特名下的一家公司，也就是著名的内布拉斯加家具城，担任该公司的首席执行官。她几乎不会说英语，也不会读书、写字，只对两件事情很有头脑：一个是数字，另一个是家具。她始终坚守在这两个自己最擅长的领域，打造了全美极其出色的零售业务。以下是巴菲特的原话："在我收购这家公司时，我没办法提供给她价值 2 亿美元的伯克希尔–哈撒韦公司的股票，因为她不懂股票。她懂现金，懂家具，还懂房地产，就是对股票一窍不通，所以完全不碰股票。如果你和她在'她的能力圈'内打交道……她打算今天下午采购 5 000 张茶几（如果价格合适的话），她打算买 20 块不同的地毯散货，还有其他类似的东西（打了个响指），因为她懂地毯。她不会因为通用汽车的股价是每股 50 美分就买 100 股。"[1]

她对自己最熟悉的事物保持坚定的专注，这在很大程度上帮助她克服了千难万险，最终促成了她在商业领域的巨大成功。

1
Buffett, Warren. Lecture to Notre Dame Faculty. South Bend, IN: 1991. Retrieved from: https://www.tilsonfunds.com/BuffettNotreDame.pdf.

第一性原理

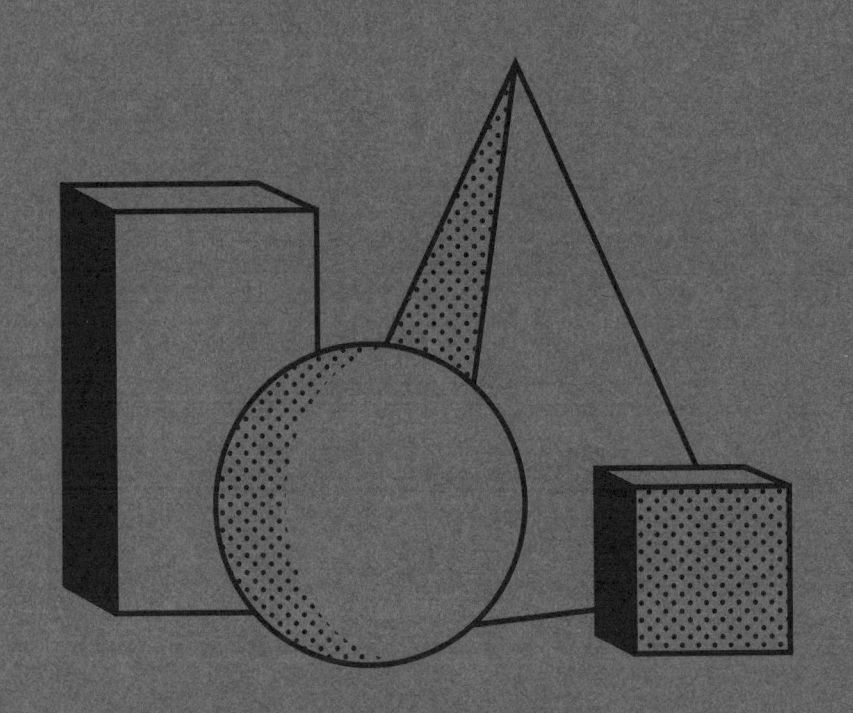

思维模型 03

——
回归基本。

我不知道人们是怎么了:
他们不是通过理解来学习,
而是通过其他方式,
比如死记硬背。
他们掌握的知识是
如此不堪一击![1]

——理查德·费曼

---

[1] Leighton, Ralph. *Surely You're Joking, Mr. Feynman: Adventures of a Curious Character.* New York: Random House, 2014.

第一性原理是逆向分析复杂情况、释放创造力的最佳方法之一。第一性原理有时被称为"第一原理推理",它是一种工具,通过将最基础的理念或事实从由此产生的假设中剥离出来阐明复杂的问题,剥离后剩下的都是精华。如果你知道某件事的第一性原理,你就可以基于这些原理建立其他知识,从而创造新的事物。

基于第一性原理构建知识的理念在哲学中有着悠久的传统。在西方经典中,这一理念可以追溯到柏拉图和苏格拉底[1],亚里士多德和笛卡儿也为此做出了重要贡献。本质上,这些哲学家寻找的是永恒的基础知识,我们可以在此基础上建立其他一切事物,包括伦理体系和社会结构。

第一性原理不一定都是如此的宏大。在运用这一原理的时候,我们并不一定是在寻找绝对的真理。几千年的认识论研究已经表明,绝对的真理很难获得,科学方法已经证明,只有积极尝试证伪,知识才能被建立起来。相反,第一性原理确立了在任何给定情况下都不可继续简化的元素。

---

[1] 苏格拉底(Socrates,公元前470—前399),古希腊哲学家。他得出了很多著名的哲学结论,比如"我唯一知道的,就是我一无所知",他实际并没有把自己的理念以文字的形式记录下来,因此,我们必须感谢他的后辈,尤其是柏拉图,保存了苏格拉底留下的财富。

第一性原理不会给我们提供一张永恒真理的清单，我们对第一性原理的认知会随着理解的不断深入而发生改变。这些原理是必要的基础，因此在不同的情况下也有所不同，但我们知道的越多，我们能质疑的事物就越多。例如，如果我们正在思考如何提高冰箱的能源效率，那么热力学定律就可以作为第一性原理。然而，理论化学家或物理学家可能想要探索熵的问题，于是进一步将热力学第二定律拆分为基本原理和由此产生的假设。在任何特定的情况下，我们都必须处于第一性原理的范围内，所以当涉及热力学时，家电制造商可能和物理学家秉持不同的第一性原理。

建立第一性原理的技巧

如果我们永远不学习拆解某样东西、检验我们对它的假设，再进行重建，最终我们就会被别人所说的话束缚住，被一直以来做事情的方法困住，从此停滞不前。明明环境已经发生改变，我们却假装一切如常，以不变应万变，因此不断犯错，其代价高昂。

有些人天生就对别人所说的一切持怀疑态度：也许这些话和我们的经历不相符；也许放在过去确实没错，但现在已经过时；也许我们只是对某件事抱有不同的看法。归根结底，除自然法则外，一切事物都只不过是我们共同的信仰。金钱的概念是一种共同的信仰，还有边界、比特币、爱……都是我们共同的信仰，同样的例子不胜枚举。

如果我们想在一种情况下确定原则，从而摆脱教条和共同信仰的束缚，我们可以使用两种技巧：苏格拉底式提问法和"五个为什么"。

我们可以运用苏格拉底式提问法，通过严格的分析确立第一性原理。苏格拉底式提问法是一个纪律严明的提问过程，可以用来确立真理，揭示基础的假设，区分知识和愚昧。苏格拉底式提问法同普通讨论之间的关键区别在于，前者试图以系统的方式得出第一性原理。苏格拉底式提问法通常遵循以下流程。

1. 澄清你的想法并解释想法的来源。（为什么我会这么想？我到底是怎么想的？）
2. 对假设提出挑战。（我怎么知道这是真的？如果我的想法正好相反呢？）
3. 寻找论据。（我该如何支撑自己的论点？论据来源于哪里？）
4. 思考其他可能的视角。（别人可能有什么想法？我怎么知道自己是对的？）
5. 探究后果和影响。（如果是我错了，该怎么办？如果我错了，会有什么后果？）
6. 质疑最初的问题。（我为什么会那样想？我的想法对吗？从推理过程中，我能得出什么结论？）

苏格拉底式提问法可以杜绝对直觉的依赖，限制强烈的情绪反应。这个过程可以帮助你建立持续性更强的东西。

"五个为什么"是一种源于儿童行为的方法。儿童会本能地使用第一性原理，和我们一样，他们也想了解这个世界到底在发生什么。因此，他们会凭直觉通过一个小游戏消除未知的迷雾，部分家长可能很害怕这个游戏，但它对于确定第一性原理大有裨益，这个游戏就是反复询问"为什么"。

"五个为什么"的目标是最终找到"什么"或"怎样"。它并非关乎自省，比如"我为什么有这种感觉"，相反，它旨在系统深入地研究一句陈述或一个概念，以便将可靠的知识与假设区分开。如果你提出的"为什么"引起了一句对可证伪事实的陈述，那么你就找到了一条第一性原理。然而，如果你的提问最后以"因为我曾经这么说过"或者"事实就是如此"告终，那么你找到的可能只是一个基于流行观点、文化迷思或者教条的假设，这些都不是第一性原理。

毫无疑问，这两种方法在短期内都会拖慢我们的速度。我们必须停下来进行思考和研究，这似乎妨碍了我们完成自己想要完成的事情。尝试过几次就会发现，每当问完一两个问题，我们常常会一头雾水。对于大部分问题，我们都不知道该如何回答。但面对自己的无知，我们不能就这样轻易言弃或者消极抵触，否则我们将永远无法确定自己必须遵循的第一性原理，会经常犯错，反而长期被拖慢进度。

> 科学不仅是一个知识体系，
> 更是一种思维方式。[1]
> ——卡尔·萨根

---

[1] Sagan, Carl. "Why We Need To Understand Science." *The Skeptical Inquirer, Vol.14,* Issue 3 (Spring 1990).

第一性原理可以推翻过去不准确的假设

大多数胃溃疡其实是由细菌而非压力导致的。这一发现就是一个很好的例子，说明了当我们排除过往的假设，抓住第一性原理时，我们究竟可以获得什么。发现细菌之后，科学家始终认为，鉴于胃部持续分泌胃酸，细菌是无法在胃里存活的。20世纪六七十年代的医生和医学研究者可能普遍把这一点作为第一性原理，当病人抱怨胃痛时，没有人会从细菌着手探究病情背后的原因。

然而，事实证明，无菌胃并不是第一性原理，它只是一个假设。正如凯文·阿什顿在其关于创造力、发现和发明的书中所写的那样："关于无菌胃的教条表明，细菌不能在肠道中存活。"[1] 因为这一教条长期被奉为真理，在很长一段时间里都没有人探究它背后隐藏的真相。

随着科学家发现幽门螺杆菌及其在胃溃疡中的作用，情况发生了彻底的转变。病理学家罗宾·沃伦在患者胃部的样本中发现细菌时，他意识到胃其实并不是无菌的。他与胃肠病学家巴里·马歇尔合作，他们一起观察了大量患者胃里的细菌。[2] 如果无菌胃并非第一性原理，那么说到胃，什么才是第一性原理呢？

1　Ashton, Kevin. *How to Fly a Horse: The Secret History of Creation, Invention, and Discovery*. New York: Anchor Books, 2015.

2　罗宾·沃伦（Robin Warren, 1937— ），澳大利亚病理学家。巴里·马歇尔（Barry Marshall, 1951— ），澳大利亚内科医生。他们在2005年共同获得了诺贝尔生理学或医学奖。

马歇尔在接受《发现》杂志采访时回忆道,沃伦曾经给他提供了一份名单,上面列有 20 名疑似患有癌症的患者,他仔细查看后发现所有患者体内都含有相同的细菌,他便问:"你为什么不看看他们的病例,看看有没有什么问题?"因为他们已经知道胃不是无菌的,他们就可以质疑有关胃病的所有教条,并使用苏格拉底式提问法来确定在其中发挥作用的第一性原理。他们花了数年时间向相关的假设发起挑战,厘清他们的思路,并努力寻找相关证据。[1]

他们的故事最终有了一个圆满的结局:马歇尔和沃伦在 2005 年获得了诺贝尔奖;如今,医生可以使用抗生素为胃溃疡患者提供有效的治疗,改善了数百万人的生活质量,甚至挽救了他们的生命。但几十年来,仍有大量从业者和科学家始终拒绝承认马歇尔和沃伦的发现。无菌胃的教条作为第一性原理是如此根深蒂固,以至于人们很难承认它其实建立在不正确的假设之上。对此类假设发出诘问,最后只能以这样的解释告终:"因为事实就是如此。"尽管正如阿什顿所指出的——"幽门螺杆菌早在 1875 年的医学文献中就已经出现",但还是沃伦和马歇尔证明了"因为我曾经这么说"并不足以支撑将无菌胃作为第一性原理。

增量创新和范式转变

为了改进某一事物,我们必须先理解它成功或失败的原因,否则我们就只是在复制别人的思想或行为,并没有真正理解这些思想或行为背后的道

---

[1] Weintraub, Pamela. "The Doctor Who Drank Infectious Broth, Gave Himself an Ulcer, and Solved a Medical Mystery." *Discover*, March 2010.

理。第一性原理可以帮助我们避免在不理解背后原理的情况下依赖他人策略的问题。如果我们不能确定第一性原理，那么即便是渐进式的改进，也很难实现。

坦普尔·葛兰汀[1]的出名有几点原因。首先，她是一名孤独症患者，也是率先公开披露病情的患者之一，为探究某种孤独症心理的内部运作方式提供了思路。其次，她还是一名科学家，开发了多项技术来增进畜牧业中动物的福祉。

她首创的方法之一是曲形牛槽。在她开展开创性的试验之前，牛一直被安置在直槽里。曲形牛槽则可以"利用牛的自然行为提高效率，弯曲的通道更便于牛通过，因为它们天生就有一种回到原地的倾向"[2]。当然，科学不会因为仅仅诞生了一项创新就戛然而止，动物科学家一直在研究饲养牲畜的最佳方法。

《饲养员技能期刊》(Stockmanship Journal) 发表了一项研究，对葛兰汀曲形牛槽的效率提出了质疑。期刊发表的研究表明，有时更简单的直线牛槽可以在牛群运动方面达到同样的效果。这本期刊请葛兰汀对此做出回应，这次回应具有巨大的价值，向我们展示了第一性原理的重要性。

---

[1] 坦普尔·葛兰汀（Temple Grandin, 1947—），美国动物科学家。除了对增进牲畜的福祉做出过重要贡献，她还发明了"拥抱盒"装置，用来安抚孤独症患者。她本人患有孤独症，是克莱尔·丹尼斯主演的电影《坦普尔·葛兰汀》的人物原型。

[2] http://www.grandin.com/design/design.html.

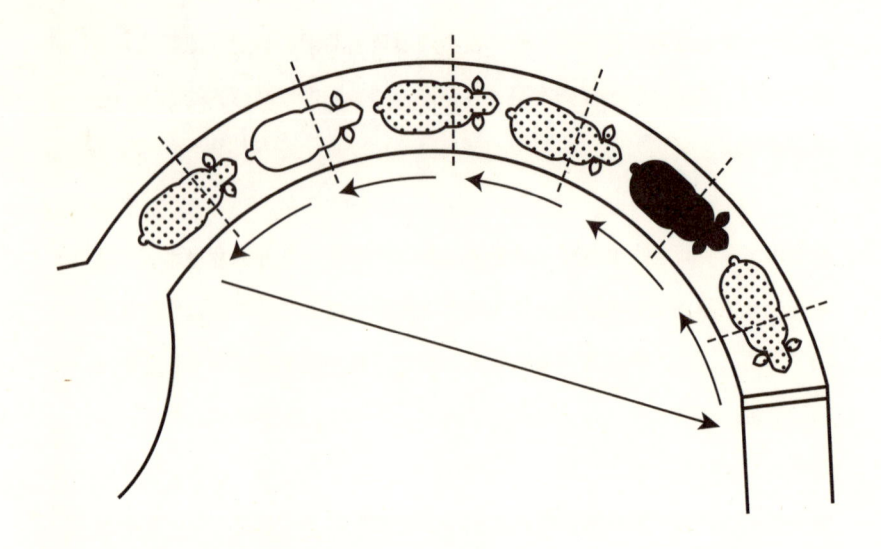

曲形牛槽通过配合动物的自然行为来增进动物的福祉。

葛兰汀解释道，曲形牛槽并不是第一性原理。她设计牛槽的初衷是为了应对她在研究中确定的动物饲养的第一性原理，即减轻动物的压力是最重要的因素，压力会影响受孕率、体重及免疫系统等方方面面。在设计牲畜的居住环境时，只要直槽有助于缓解动物的压力，那用直槽也没有问题。知道了原则就可以灵活改变自己的战术。[1]

有时，我们并不想对业已存在的东西进行调整。我们将信将疑，或者充满好奇，不愿意接受既定的事物作为自己的出发点。因此，倘若我们从一开始就相信事物的现状也许并非其原本真实的样貌，那我们就可以将自己置于正确的思维框架中以便找到第一性原理。第一性原理的真正力量在于从

---

[1] Grandin, Temple. "A response to Hibbard and Locatelli." *Stockmanship Journal*, Vol. 3 No. 1 (January 2014).

随机的变化转向具备成功可能性的选择。

20 世纪 70 年代以来，科学界存在这样一个问题：肉类的第一性原理是什么？答案通常包括味道、口感、气味，以及烹饪的用途。你知道什么不是肉类的第一性原理吗？其曾是动物身体的一部分。对消费者来说，也许最重要的就是味道，至于这块肉是否来自一头牛的身体，则并不那么重要。

研究人员随后探究了为什么肉尝起来像肉，部分原因在于烹饪过程中糖和氨基酸之间产生了化学反应，即美拉德反应，正是这一化学反应赋予了肉类特殊的味道和气味。通过准确复制这一反应，科学家希望可以复制肉类的第一性原理——味道和气味，这样便可在很大程度上减少饲养可食用动物的需求。

一改以往试图改善现有结构的做法，比如减轻畜牧业对环境的影响，全世界各地约有 30 家实验室正在研究人造肉的培育方法。这种实验室培育的肉类几乎也拥有动物肉的组成部分。一位食品研究人员这样描述此类产品："人造肉有一种浓郁的香气，尝起来真的很有味道。我知道这种肉不含脂肪，所以不确定它是否鲜嫩多汁，但它有……浓烈的味道，很接近动物肉，虽然没那么多汁，但紧实度堪称完美……对我来说这就是肉……真的值得一试，而且我觉得两者在外观上也很相似。"[1]

---

1 Ruetzler, Hanni, quoted in "What does a stem cell burger taste like?" by Melissa Hogenboom, BBCNews.com, August 5, 2013. Retrieved from: http://www.bbc.com/news/science-environment-23529841.

这阐述说明了人造肉是如何根据动物肉的核心特性变身为一种可行的替代品，从而解决一些重大的环境和伦理问题。

> 世间方法千千万，但原理屈指可数。
> 掌握了原理的人可以灵活地选择方法，
> 而徒有方法却忽视原理的人
> 则一定会惹麻烦上身。[1]
> ——哈林顿·埃默森

结论

从第一性原理进行推理，可以帮助我们跳出历史和传统观念，试探一切可能的边界。在真正理解了发挥作用的原理之后，你可以思考现有的方法是否合理。通常它们其实并不合理。

许多人误以为创造力只是少数人与生俱来的天赋，我们要么拥有创造力，要么就全然没有。幸运的是，似乎有足够的证据都在否定这种观念。所有人生来都富有创造力，但在我们的性格形成时期，忙碌的父母和老师可能会扼杀我们的创造力，使其消失殆尽。作为成年人，我们依赖传统，依赖他人告知的信息，因为这比把事物分解成第一性原理及独立思考要容易得多。运用第一性原理的思维方式可以帮助我们认清现实，摆脱盲目性。大多数事情似乎都在一瞬间拥有了更大的可能性。

---

1 Emerson, Harrington. Speech published in "The Convention: Fifteenth Annual Convention of the National Association of Clothiers, Held June 5 and 6, 1911." *The Clothier and Furnisher*, Volume 78, No 6 (July 1911).

思想实验

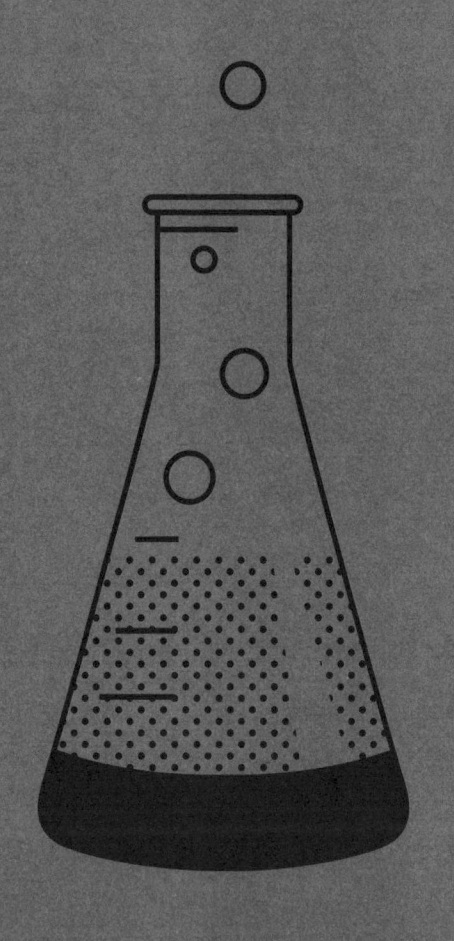

思维模型 04

思想实验
———
想象一切的可能性。

创造力是智力的狂欢。

——匿名

思想实验是指"用来探究事物本质的想象工具"[1]，包括哲学和物理学在内的许多学科都会利用思想实验来探究未知的领域。思想实验可以开辟调查和探索的新途径，它的强大之处就在于它能帮助我们从过去的错误中汲取教训，避免重蹈覆辙；可以帮助我们挑战不可能，评估行为的潜在后果，重新审视历史，以便做出更好的决策；还能帮助我们找到自己真正想要实现的目标，以及实现目标的最佳路径。

对篮球赛下注

假设我问你，美国职业篮球联赛（NBA）最有价值球员（MVP）勒布朗·詹姆斯和电影制作人伍迪·艾伦打篮球比赛，谁会赢？你敢打赌你的回答一定是正确的吗？

相信你很快便能给出答案，我希望你赌上了自己的全部身家。

---

[1] Brown, James Robert and Fehige, Yiftach, "Thought Experiments", *The Stanford Encyclopedia of Philosophy* (Summer 2017 Edition), Edward N. Zalta (ed.). Retrieved from: https://plato.stanford.edu/entries/thought-experiment/.

接下来，假设我再问你，NBA MVP 勒布朗·詹姆斯和 NBA MVP 凯文·杜兰特打篮球比赛，谁会赢？你还敢打赌自己的回答一定是正确的吗？

有点儿难，对吧？你还愿意赌上自己的全部身家吗？

让我们好好想一想，你试图用同样的方式来解决这两个问题，即你会想象两个人比赛的场面。或许更重要的是，你从没想过真的打电话给詹姆斯、艾伦和杜兰特，邀请他们一起打一下午的篮球，从而解决上文中提出的两个问题，你只是在自己的头脑中模拟。

在第一种情况下，鉴于你对詹姆斯（朝气蓬勃、身材高大、技艺娴熟）、艾伦（年老体弱、身材矮小、风趣幽默）及篮球比赛的了解，你的头脑中形成了一幅清晰的画面。选手能力之间的差距使这个问题（和打赌）变得毫无难度。

在第二种情况下，虽然你可能对勒布朗和杜兰特都非常了解，但就二人比赛的输赢打赌依然让你难以决断。他们都是职业篮球运动员，体格相近，能力相当，两人都有可能成为史上最杰出的篮球运动员。如果进行一对一的比赛，那他们恐怕难分伯仲。唯一能确定答案的方式就是让他们实地进行一场比赛。即便如此，你也无法根据单单一场比赛就对二人水平的高低妄下断言。

要想回答"谁会赢"这个问题，更好的方法是运用人类大脑的一种非凡的能力，即进行详细的思想实验的能力。思想实验的主要价值在于，它能帮助我们实现现实生活中做不到的事情，因此，相比物理检验和检测，思想实验有助于我们从更多的角度探索问题。

思想实验绝不仅是做白日梦。思想实验的有效性依赖于同传统实验一样的严谨态度。与科学方法相似，思想实验一般包含以下几个步骤：

1. 提出一个问题；
2. 进行背景研究；
3. 构造假说；
4. 通过（思想）实验进行测试；
5. 分析结果并得出结论；
6. 与假说相对比并相应进行调整（提出新的问题等等）。

在上文提到的詹姆斯／艾伦实验中，我们首先提出了一个问题：谁会在篮球比赛中获胜？如果你不认识他们，那就有必要先查阅一下二人的背景资料。接着你提出了自己的假说（詹姆斯会大获全胜），然后加以思考。

思想实验的真正力量在于，你可以不限次数地改变某个变量，来验证其是否会影响最终的结果。为了下赌注，你需要估计在多少场篮球比赛中伍迪·艾伦会击败勒布朗·詹姆斯。在 10 万场比赛中，艾伦赢得的比赛场次屈指可数，甚至为数不多的那几场也可能只是因为詹姆斯在比赛开始时不幸突发心脏病。通过实验来发现所有可能的结果，可以让你更好地意识到自己能够施加影响力的范围有多大，合理预期下的结果又有哪些。

现在，让我们来探讨几个思想实验非常适用的领域。

1. 想象物理上的不可能；
2. 重新想象历史；
3. 凭直觉想象并不直观的事物。

想象物理上的不可能：阿尔伯特·爱因斯坦非常善于利用思想实验，因为通过思想实验，我们可以在自己的头脑中运用逻辑进行现实生活中很难或者根本不可能完成的测试。有了这个工具，我们就可以用直觉和逻辑来解决物理上无法证明的问题。

爱因斯坦的一个著名思想实验与电梯有关。[1] 想象你此刻身处封闭的电梯里，双脚粘在地板上。在没有其他信息的情况下，你能否分辨出电梯是位于外太空，有一根绳子加速向上拉动电梯，还是位于地球上，被重力向下拉动？通过思想实验，爱因斯坦得出结论：你分辨不出来。

正是这一思想实验促成了爱因斯坦的第二大理论——广义相对论（也就是他的万有引力理论）的形成。爱因斯坦的假说是，你从加速度中感受到的力和从重力中感受到的力不仅感觉起来一样，它们完全就是一样的！重力的作用与加速电梯的作用是类似的。我们虽然没法在太空中建造电梯，但仍然可以确定假如可以建造的话，那么这部电梯会拥有怎样的特征。这给

1　Isaacson, Walter. *Einstein: His Life and Universe.* New York: Simon and Schuster, 2007.

了我们足够的信息来检验假说。最终，爱因斯坦用数学方法详细进行了运算推理，但它始于一个无法实际执行的简单思想实验。

这种思想实验不仅适用于物理，而且反映在一些常见表达中。当我们说"如果钱不是问题"，或者"如果你拥有无限的时间"，我们其实是在要求对方进行一项思想实验，因为在物理意义上实际不可能移除这个变量（金钱或者时间）。在现实中，金钱永远是有限的，我们也不可能拥有无限的时间。但是，想象中的世界与现实世界依然有着相似的属性，通过思想实验详细描述出我们在想象的世界中所做的选择，有助于我们深入了解自己生命中最看重的事物，以及我们应该把精力集中在哪里。

重新想象历史： 思想实验的一个常见用法就是重新想象历史，我们一直都在运用这种方法。如果我当时没有被困在机场的酒吧里，没有因此偶遇我未来的商业伙伴，那我现在会是什么样的境况？如果普林西普没有在萨拉热窝枪杀斐迪南大公，第一次世界大战还会爆发吗？如果克利奥帕特拉[1]没有找到见恺撒的方法，她还能继承埃及的王位吗？

这些方法被称为历史反事实和半事实。如果发生的是 Y 而不是 X，结果会如何？结果还会跟原来一样吗？

虽然反事实和半事实非常流行，也很实用，但我们在该领域进行思想实验时必须小心谨慎，如履薄冰。为什么呢？因为历史是一个混沌系统，初始

1　克利奥帕特拉七世（公元前 69—前 30），埃及托勒密王朝最后一任女法老，她是历史上真正的传奇人物之一。

电车实验

思想实验经常被用于探索伦理和道德问题。在解决生死攸关的问题时，我们显然不建议你为了找到最符合道德标准的行为而杀死一群无辜的人。这就是思想实验的价值所在。

其中最著名的一项思想实验就是电车实验。内容如下：假设你驾驶的一辆有轨电车突然失控，你狂踩刹车也无济于事。如果保持既定的轨道不变，在你面前的五个人就会不幸殒命。就在这千钧一发的时刻，你注意到一旁的支线上只有一个人。这时你会怎么办？是维持原定的方向杀了那五个人，还是拐入支线撞向那一个人？

这个实验是由菲利帕·福特在其论文《堕胎问题和教条双重影响》中首次以现代形式提出的[1]，后由朱迪斯·贾维斯·汤姆逊在《电车问题》一文中进一步深入分析[2]。在这两种情况下，思想实验的价值都显而易见。作者得以在不造成严重伤害的情况下对问题进行探索，由此极大地推动了某些道德问题的进展。更重要的是，直至今日，电车问题依然与我们的生活息息相关，因为当今的技术进步经常要求我们判断，在何种情况下，牺牲少数人来拯救多数人是可以接受的，甚至是值得鼓励的。（为避免你认为这种想法是天经地义的，汤姆逊还进行了另一项伟大的思想实验，想象医生杀死一名病人后将其器官移植给另外五名病人，以此方式挽救他们的性命。）

1
Foot, Philippa. "The Problem of Abortion and the Doctrine of the Double Effect." *Oxford Review*, No. 5 (1967).

2
Thomson, Judith Jarvis. "The Trolley Problem." *Yale Law Journal*, Vol. 94, No. 6 (May, 1985).

条件的小小变化就将导致未来出现迥然不同的结果。因此，如果我们想要得出真正有用的结论，科学方法的严谨性必不可少。

为了理解这一点，不妨想想另一个我们都很熟悉的混沌系统——天气。为什么我们可以预测恒星的运动，却只能预测几周之内的天气，甚至就连这区区几周的天气预报也不一定可靠？

这是因为天气变化混乱无序。由于快速的反馈循环贯穿始末，我们今天计算中的任何微小的误差都将彻底改变最后的结果。而且我们的测量工具目前做不到无限精确，未来也不可能做到，所以我们会被混沌系统的不可预测性困住。

与人类系统相比，天气相对而言还算是可靠的。看过科幻电影《回到未来》(*Back to the Future*)的人都知道，过去一个哪怕微不足道的变化都可能对未来产生不可预测的重大影响。因此，使用历史反事实很容易误导自己。我们不知道如果克利奥帕特拉没有见到恺撒，或者如果你没有被困在机场，还会有什么事情发生。潜在的结果太混乱了。

但我们可以用思想实验探索未实现的结果：尽可能多次地重复进行某个流程，看看可能会发生什么，深入了解我们必须面对的局限性。

事实是，历史上发生的事件只是对历史进程的其中一种演进方式，是众多潜在结果中的一种可能，就好比一副只发过一次的牌。所有那些虽然不曾发生，但在某些小事出现其他可能的情况下可能会发生的事情，我们通通都看不见，除非我们用大脑通过思想实验构造这些理论中的世界。

如果我们能估算出这些事件发生的近似概率，以及所有可能发生的事件的总数，我们就能推断出最可能出现的结果是什么。有时候，我们很容易想象出一个情形可能会有十种不同的结局，但很难在改变变量之后依然得到相同的结果。

我们来试试。首先，我们需要提出一个问题。倘若塞尔维亚人普林西普没有刺杀弗朗茨·斐迪南大公，那会发生什么呢？人们通常认为，正是这次刺杀事件导致了第一次世界大战的爆发，所以这个问题值得深究。如果我们最终得出结论，认为这次暗杀会引发一系列连锁反应，最终都会走向战争这一不可避免的结局，这肯定可以揭露关于政治、外交甚至人类心理学等方面的因果关系。

接着，我们需要做一定的背景调查：我们需要了解哪些信息能回答这个问题，涉及的因素包括条约、冲突、联盟、利益和性格等，这些因素已经足以形成一个假说。

在刺杀事件发生的两天后，即1914年6月30日，相关国家做出回应。奥匈帝国改变了对塞尔维亚的政策。此后不久，德国向奥匈帝国提供了全面的军事支持。不到两个月，世界大战一触即发。因此，思想实验的下一步就是细化这个问题。比如，普林西普刺杀斐迪南大公对奥匈帝国针对塞尔维亚的政策究竟有何影响？

思考的框架

我们的假说可以是以下任意一个：

1. 刺杀事件对政策没有影响；
2. 刺杀事件只是政策的部分影响因素；
3. 刺杀事件完全决定了政策方向。

为了检验以上假说，我们可以在头脑中进行模拟实验。冷静下来想一想1914年6月28日的萨拉热窝是什么样子，大公和他的夫人坐在自己的车里，普林西普正躲在某处擦拭他的枪。现在我们想象普林西普因为前一天晚上吃了变质的食物突然胃痉挛发作，当普林西普蜷缩在床上时，大公的车已经顺利抵达目的地。大公按计划发表了演讲，在演讲中他强调了和平的重要性。普林西普的一个同伙试图暗杀大公，但以失败告终。那么，这种情况下，奥匈帝国会对此作何反应？和他们当时的实际做法会有明显的不同吗？

普林西普并不是孤身奋战，塞尔维亚与奥匈帝国积怨已久。怎样才能改变这种状况，从而改变奥匈帝国的政策呢？考虑到当时的政治局势，我们假设的情形现实吗？也就是说，你能否构建一个准确的历史情景，在这种情景下不会发生任何促使奥匈帝国改变政策的事件。要让多少塞尔维亚人得上肠胃炎才行？

此类思想实验的目标之一就是充分了解某一情况，从而确定在其中发挥作用的决定和行动。这个过程并不能提供明确的答案，比如刺杀事件是否引发了第一次世界大战。你想要了解的只是一个粗略的概念，即刺杀事件在

弱化偶然性的作用

我们来举一个现实世界的例子,假设你要买 10 万美元的谷歌公司的股票,其中 50% 以现金支付,50% 从券商处借款(即保证金贷款)。

几年后,股价翻了一番,这意味着你当初投入的 10 万美元现在价值 20 万美元。因为你还欠券商 5 万美元,所以你自己的 5 万美元现在价值 15 万美元——是此前的 3 倍!你觉得自己简直就是个理财天才。

先别着急下定论,让我们在头脑中运行几次"理论世界生成器",看看还有什么是可能发生但实际没有发生的?

谷歌公司的股票有可能在上涨 100% 之前先下跌 50%,几乎所有股票都曾有类似的表现。事实上,股票甚至有可能暴跌 90%!比如 1929—1932 年,纽约证券交易所的股价跌幅就曾达到 90%。

如果类似的崩盘再次发生了呢?券商会收回提供给你的借款:游戏结束,谢谢参与。那你将一无所有。

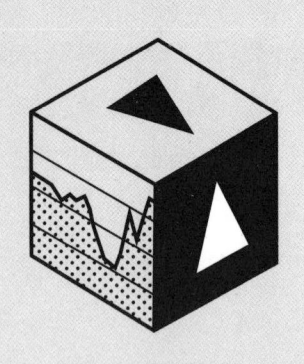

现在,再回到本章节的开头。如果你打算以借入资金的方式购买谷歌公司的股票,你赌它不会下跌 50%,那么这场赌局是更接近勒布朗/艾伦的思想实验,还是更类似于勒布朗/杜兰特的思想实验呢?把这个场景重复 10 万次,其中会有多少次以你的破产告终,又有多少次以你将资金增至此前的 3 倍告终?

这样的实验可以真正为你的决策赋能:可以告诉你已知信息的边界,以及你应该尝试的范围。它以一种虽不够精确但足够有用的方式告诉你,不管实际结果如何,你的决定到底是聪明还是愚蠢的。它会让你意识到自己经历的整个过程,这样即便结果皆大欢喜,你也能意识到在何种情况下一切都是运气使然,意识到或许你应该在决策过程中努力弱化偶然性的作用。

多大程度上导致了战争的爆发。你能想象到的不需要暗杀也能引发战争的情况越多,暗杀作为关键因素的可能性就越小。因此,通过探索事件之间的现实关系,你可以更好地理解一个决策最可能造成的影响。

凭直觉想象并不直观的事物: 思想实验的另一个用途是提高我们凭直觉想象非直观事物的能力。换句话说,我们可以通过有意识地在头脑中进行思想实验来验证直觉的正误。

这方面的一个典型例子就是著名的"无知之幕",这一概念是由哲学家约翰·罗尔斯[1]在其影响深远的著作《正义论》中提出的。为了找出最公平公正的社会构建方式,他提出社会设计者应当躲在"无知之幕"背后进行操作。这意味着,在他们即将创出的社会中,他们也不知道自己会扮演何种角色。倘若他们对自己未来的经济地位、种族背景、兴趣才能甚至性别都一无所知,他们就必须建立一个尽可能公平的社会结构,以保障自己未来的境遇。[2]

在"无知之幕"的思想实验中,我们最初对于何为公平的直觉可能会受到挑战。面对如何最优地组织社会这一问题,我们只是宽泛地认为社会应当是公平的。但公平到底意味着什么呢?我们可以使用这个思想实验来测试不同规则和结构可能导致的最终结果,从而得出一个最公平的组合。

---

[1] 约翰·罗尔斯(John Rawls, 1921—2002),美国政治哲学家、伦理学家。他的著作将"正义与公平"理论化,成为政治哲学讨论的重要组成部分。

[2] Rawls, John. *A Theory of Justice*, revised edition. Cambridge: Harvard University Press, 2005.

配套理念二
必要性和充分性

我们常常误把必要性当作充分性，以为拥有了一些必要条件就一定能达到理想的效果，或者得到期望的结果。必要性与充分性之间的区别，就好比成为一名出版作家与成为 J.K. 罗琳之间的区别。当然，成为两者的前提都是要擅长写作，但光靠这一个条件还不足以成为像罗琳这样成功的作家。这一点相信大多数人都能明白，但他们不明白的是，成功的必要条件与充分条件之间的差距往往是运气、偶然或者其他不可控的因素。

假设你想创立一家跻身《财富》世界 500 强榜单的企业。资本是必要不充分条件，努力工作是必要不充分条件，智力也是必要不充分条件。亿万富翁的成功需要所有这些条件，当然还有更多其他条件，外加大量的运气。这也是成功没有固定公式的一个重要原因。

军事战斗的例子也能很好地说明必要性与充分性之间的区别。我们有必要对敌人的实力和战术进行评估，制订自己的作战计划，从而为战斗做好准备。你需要解决物资等后勤问题，制定一个全面的战略，同时确保一定的灵活性以应对突发状况。然而，即便做好以上全部准备也无法保证战斗一定能大获全胜。做不到以上这些你肯定没法成功，但准备本身不是成功的充分条件。

在体育项目中也是如此。要想在一项专业运动上有所成就，需要满足一些必要条件。你必须具备该项运动所需的身体素质，而且有充足的时间和方法进行专业训练。然而，满足这些条件并不足以保证最后的成功，许多天赋异禀又刻苦钻研的运动员都无法进入专业队伍。

数学上称之为"集合"。成功所需的必要条件集合是充分条件集合的子集，而且充分条件集合本身要比必要条件集合大得多。如果不会区分二者，我们很容易被错误的故事误导。

这种思维的价值不仅体现在国家立法层面。例如，在微观层面，我们也可以将其运用于制定公司的人力资源政策，如招聘、产假或者办公室礼仪等规定。如果你不知道自己在这家公司会扮演什么角色，甚至完全不知道自己的身份信息，那么你会设计或支持怎样的政策呢？

结论

思想实验可以告诉你已知信息的边界，以及你应该尝试的范围。为了改进我们的决策，提高成功的概率，我们必须积极探索自己能想到的一切可能。思想实验不是做白日梦，它既需要严谨的态度，又需要不懈的努力。你使用思想实验的次数越多，你就越了解实际的因果关系，也越明白真正可以达到的目标。

二阶思维

思维模型 05

接下来会发生什么呢?

技术本身是好的，
但科学家和工程师
只会片面地看待问题。
他们只解决了问题的
某些方面，
并没有解决全部问题，
结果就是技术狠狠地
打了我们一记耳光。[1]

——芭芭拉·麦克林托克

---

[1] Keller, Evelyn Fox. *A Feeling for the Organism: The Life and Work of Barbara McClintock*. New York: W.H. Freeman and Company, 1983.

几乎每个人都能预见自己的行动所造成的直接结果。这种一阶思维简单、安全，但以这种思维方式，你肯定会和其他人得到相同的结果。二阶思维则要求我们进行更长远、更具整体性的思考，要求我们不仅要考虑自己的行为及其最直接的结果，还要考虑更深层次的结果。不考虑二阶和三阶效应就会引发灾难。

相比运用二阶思维的例子，我们往往更容易找到反例，也就是未能考虑到结果背后的结果的情况。当人们试图做一些好事，甚至只是无害的事情，反而招致灾难，我们可以放心大胆地假设，最初的想法并没有考虑到后果。通常人们都不会考虑二阶效应，等到开始考虑时往往为时已晚。因此，这个概念常被称为"意外后果定律"。

纵观历史，类似的例子不胜枚举。在英国殖民统治印度时期，德里市区眼镜蛇泛滥引起了政府的担忧。为了控制眼镜蛇的数量，政府决定，市民每上交一条死蛇，就能获得一份奖励。消息一出，印度民众便积极响应，开始饲养眼镜蛇，以便宰杀后上交给政府换取奖励。如此一来，眼镜蛇泛滥的问题反倒愈加严重，因为政府官员没有从二阶层面思考问题。即便是简单如增加轮胎摩擦力这样的事情，也会产生二阶效应：增大轮胎的摩擦力看似很棒，因为摩擦力越大，车辆就越不容易打滑，刹车的响应速度越

	一阶结果	二阶结果	三阶结果
A			
B			

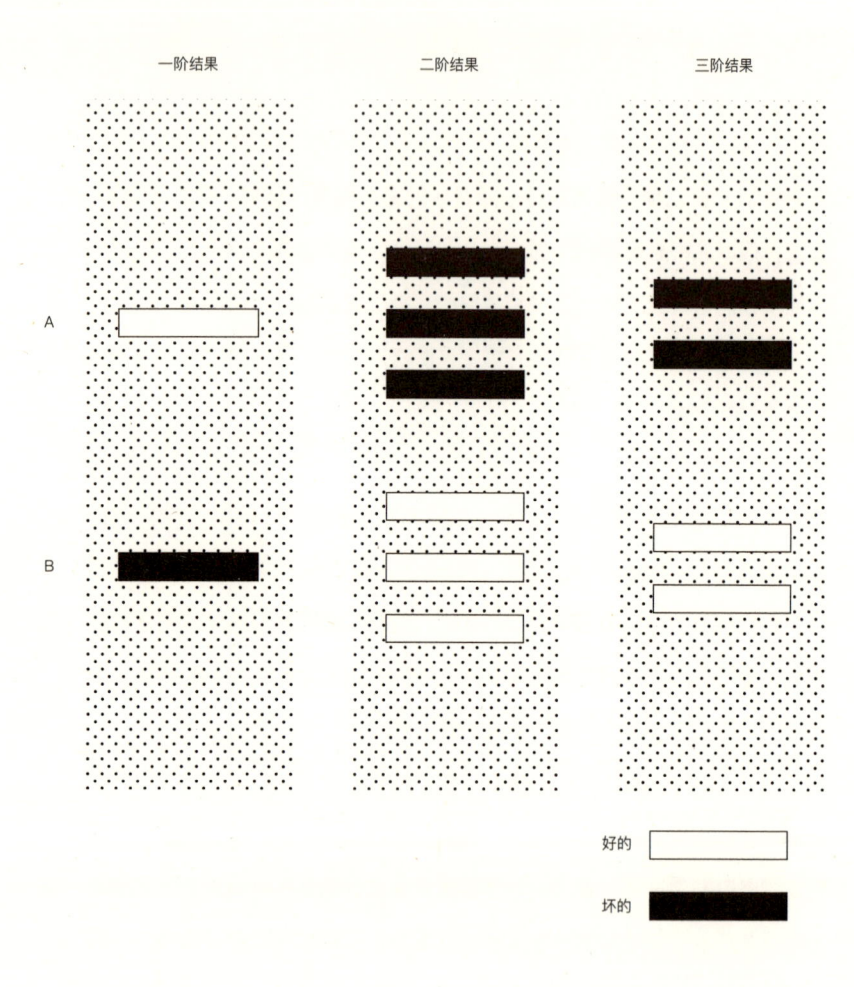

好的 ☐

坏的 ■

快，驾驶员和乘客也就越安全。然而，增大摩擦力的二阶效应是汽车引擎必须更大力地推动汽车前进，百公里油耗增加（会排放更多的尾气，加剧气候变化），还会在马路上留下更多的橡胶颗粒。

因此，任何全面的思维过程都可尽可能认真地考虑结果背后的结果。无论如何，你总要处理这些问题。一旦打开瓶盖，精灵就再也不会回到瓶子里，你永远不可能一键删除后果返回原先的初始条件。

> 如果你从结果来判断，
> 那么愚蠢就是邪恶。[1]
> ——玛格丽特·阿特伍德

我们来看一个未能运用二阶思维的失败案例。过去几十年来，我们一直在给牲畜投喂抗生素，以提升肉类的安全性，降低饲养成本。直到最近几年，我们才逐渐意识到，这样做的后果是在助长我们无法抵御的细菌。

1963年，加州大学圣巴巴拉分校教授加勒特·哈丁[2]提出了他的生态学第一定律："你永远不能只做一件事。"[3]我们生活在一个错综复杂、相互重叠的世界里，就像一个网络，有着诸多虽然重要但模糊不清、不可预测的关系。哈丁把二阶思维发展成了一种工具，表明如果你未曾考虑"结果

1　Atwood, Margaret. *Surfacing*. Toronto: McClelland and Stewart, 1972.

2　加勒特·哈丁（Garrett Hardin, 1915—2003），美国生态学家、哲学家，他工作的主线是对生命伦理学的探索。

3　Hardin, Garrett. *Living Within Limits*. New York: Oxford University Press, 1993.

背后的结果"，你就不配说自己真的思考过。

在肉类生产的抗生素滥用方面，一阶结果是在喂养相同重量食物的情况下，动物的体重会增加更多，因此饲养者可以从中获益。动物是按重量出售的，所以养大它们所需的食物越少，出售时赚的钱就越多。

然而，二阶效应却意味着许多严重的后果。持续投喂抗生素之后，依然存活的细菌已经具备抗生素耐药性。因此，使用抗生素促进牲畜快速生长的同时，大量具备耐药性的细菌也成为食物链上的一环。

高度的联系凸显了二阶思维的重要性，因为紧密的关系网络使得行动更容易产生深远的后果。你可能只专注于某个方向，全然没有意识到后果正全方位朝你蔓延而来。事物不是在真空中完成生产和消费的。

> **当我们试图把某一事物单拎出来时，
> 才发现它早已与宇宙中的其他一切
> 紧密联系在一起。**[1]
> ——约翰·缪尔

二阶思维不是预测未来的方法，你只能根据现有的信息来考虑可能的结果。然而，你不能以此作为借口，不管不顾地继续前进并等待事后的科学分析。

1　Muir, John. *My First Summer in the Sierra*. Boston: Houghton Mifflin, 1911.

我们能否预料到在所有动物饲料中加入抗生素可能引发的后果？答案很可能是肯定的，任何一个对生物学哪怕仅有粗浅了解的人都可能做出这样的预判。我们知道生物会不断进化，它们会根据环境中的压力来提高自身的适应能力，那些生命周期较短的生物则因为拥有更多的机会而能够更快适应。顾名思义，抗生素可以杀死细菌，而细菌就像所有其他生物一样，想要生存下来，持续接触抗生素对它们造成的压力进一步加快了其进化的步伐。经过许多代细菌的繁衍，最终一定会发生某种突变，使得变异后的细菌可以免受抗生素的影响。这些变异细菌繁殖得更快，于是造成了我们现在所处的局面。

二阶思维教给我们两个重要的概念，也是使用该思维模型的基础。如果我们想要了解这个世界究竟是如何运作的，就必须考虑到二阶乃至更高阶的结果。对于我们所处的关系网络，我们必须尽可能地保持坦诚和敏锐的观察力。短期收益是否值得拿长期的痛苦来换？

让我们来看看二阶思维可以发挥巨大作用的两个领域：

1. 将长远利益置于眼前利益之上；
2. 构建有效的论证。

二阶思维与实现长期利益：这个模型可以帮助我们确定自己想要实现的长期效果，避免被眼前的蝇头小利冲昏头脑。二者的选择往往是矛盾的，就好比我们为了长期的健康选择放弃糖果带来的即时快感。一阶效应就是由糖果提供的这种快感，但经常吃糖果会产生怎样的二阶效应呢？我希望十

二阶问题

沃伦·巴菲特用过一个非常贴切的比喻来描述二阶问题,即当游行中的一些人决定踮起脚尖时,所有人都必须踮起脚尖。[1] 没人能看得更清楚,但他们自身的处境都变得更糟了。

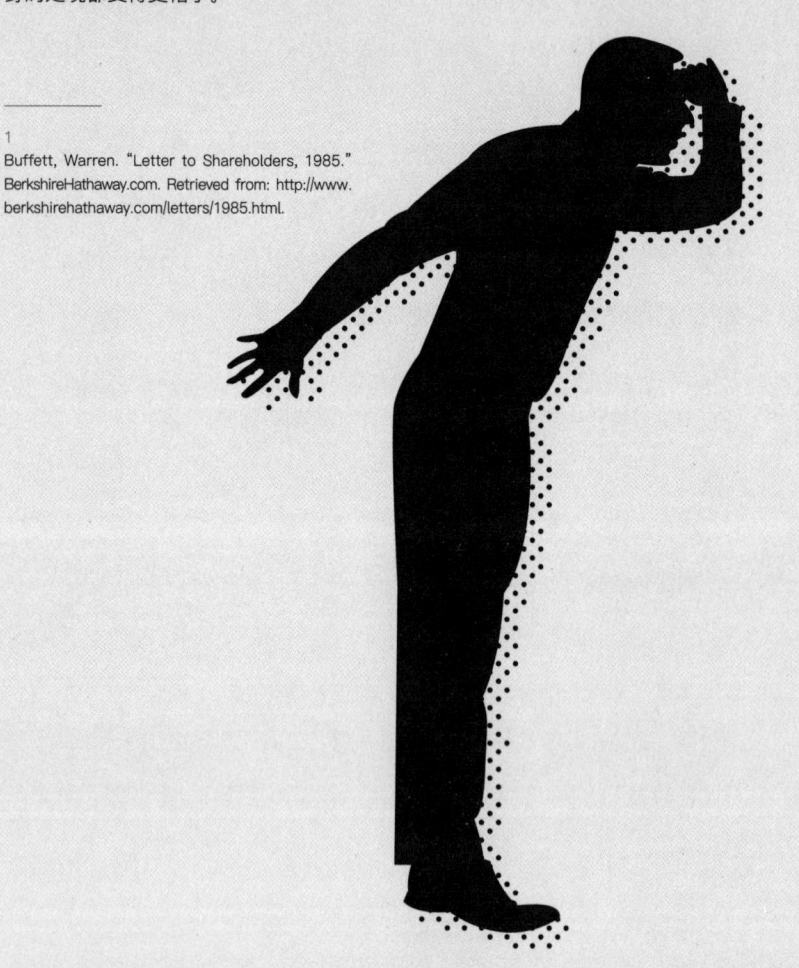

---

[1] Buffett, Warren. "Letter to Shareholders, 1985." BerkshireHathaway.com. Retrieved from: http://www.berkshirehathaway.com/letters/1985.html.

年后自己的身体或者生活变成这副模样吗？二阶思维要求我们扪心自问，自己现在的所作所为是否可以带领我们抵达理想的彼岸？

我们很难在历史上找到成功运用二阶思维的例子，因为我们不能只根据最后的结果就妄下断言："因为结局圆满，所以他一定全盘思考过自己行为的结果。"即便你能从短期的痛苦中看到长期的收获，也不能保证你最后一定能成功取得长远的利益。

公元前 48 年，埃及的克利奥帕特拉处境十分不妙。[1] 克利奥帕特拉生于一个以谋杀兄弟姐妹而闻名的家族。严格来说，她当时和自己的弟弟共同执政，却被逐出皇宫，被迫在一片较为湿润的沙漠地带安营扎寨，对于如何重返皇宫执掌权力毫无头绪。虽然她身为女王，但由于做出了一系列不受欢迎的决策失去了拥趸，使自己陷于孤苦无依的境地，这也给了她弟弟足够的理由暗杀她。怎么办呢？

与此同时，伟大的罗马将军恺撒因一路追击敌人庞培抵达了埃及，他也想让埃及人知道谁才是地中海真正的统治者。埃及是一个物阜民丰的国家，因此对罗马人来说有着极高的战略重要性。然而，罗马人进入埃及的方式使他们在当地失去了民心。

为了生存，克利奥帕特拉必须做出抉择：她是应该试着与弟弟和解，还是应该设法从他国赢得一些支持，抑或同恺撒结盟？

1　Schiff, Stacy. *Cleopatra: A Life*. New York: Back Bay Books, 2010.

在《埃及艳后的一生》一书中，斯泰茜·希夫写道，即便是在公元前 48 年，时年 21 岁的埃及艳后也已经接受了极好的政治教育，包括学习历史知识及亲身经历地中海的动荡局势。她应该已经注意到，她父亲奥里特斯及其他家庭成员的行为导致了家族、罗马人或者平民的流放、贿赂和谋杀行为。她应该明白，世间根本没有简单的答案。正如希夫所言："奥里特斯遗留下来的政治局势需要小心翼翼地权衡取舍：讨好某个选区就意味着得罪另一个选区；不顺从罗马会引发罗马的干预，但一味懦弱地妥协又将导致国内暴乱。"

因此，在这种情况下，克利奥帕特拉必须考虑她所有行动的二阶效应。追求短期利益很容易导致自己被处决（她的许多亲戚最后就是这个下场）。若想保住性命，她需要平衡自己眼下"谋生存、保王位"这两大目标，还要确保自己未来也能得到足够的支持。

公元前 48 年，克利奥帕特拉选择与恺撒结盟。她很可能清楚地知道这一决定产生的一阶效应，也就是会进一步激怒自己的弟弟，使他加紧密谋杀害她，同时也会激怒埃及人民，因为他们不希望罗马人介入自己国内的事务。她可能已经预料到这一决定会带来短期的阵痛，当然事实也的确如此，克利奥帕特拉成功掀起了一场内战，她和恺撒被围困在宫殿里数月之久。此外，她还必须对弟弟的暗杀计划时刻保持警惕。那她为什么要这么做呢？

事实上，我们永远无法确定她真实的考量，只能做出合理的猜测。但鉴于克利奥帕特拉在这些事件发生后成功地统治了埃及多年，她当初的决定一定是基于自己预见的结果背后的结果。只要她能熬过短期的阵痛，那么拥有恺撒和罗马的支持一定会巩固她的统治地位。希夫写道："亚历山大港战役让克利奥帕特拉一切如愿以偿，也没付出多大代价。"为了赢得内战，恺撒铲除了所有反对克利奥帕特拉的主要势力，坚定地支持她的统治。

我们要意识到二阶结果，并利用预测出的结果来指导决策，这么做可能意味着短期内的收获不甚引人注目，但长期的回报将是巨大的。此刻延迟满足会帮你在未来节约时间，你不必再因为忽略了短期欲望所带来的影响，忙于收拾自己当初因短视而留下的烂摊子。

构建有效的论证： 二阶思维可以帮你规避问题、预测挑战，从而提前加以解决。

例如，我们大多数人每天都要进行论证，无论是说服你的老板去尝试一种新的拓展方式，还是说服你的伴侣去尝试一种新的育儿技巧。我们在生活中总是不可避免地要去说服别人。如果我们可以证明自己已经考虑了二阶效应，并且努力验证了二阶效应也是有利的，那么我们的论证就会更有说服力。

在18世纪末的英格兰，妇女几乎没有什么权利。哲学家玛丽·沃斯通克拉夫特[1]因此忧心忡忡，因为这种权利的匮乏限制了女性独立自主的能力，

1　玛丽·沃斯通克拉夫特（Mary Wollstonecraft, 1759—1797），英国作家、哲学家。她著有大量的作品，从小说、历史和哲学类图书到童书，不一而足。她的女儿玛丽·雪莱著有《科学怪人》一书。

为未来的成功培养信任

信任和可信度是多次互动积累的结果,也正因此彰显了二阶思维的作用和价值。倘若我们在与人交往时总是追求即时的回报,除非双方各取所需,否则这样的相处必然长久不了。将利益最大化需要一个循序渐进的过程。因此,我们要多加考虑自己的行为会对他人或者我们自己的声誉造成哪些二阶效应,这样才能获得他人的信赖,才能享受与人合作的裨益。[1]

---

[1] 欲了解更多有关如何在关系中建立信任的方法,请参考 Ostrom, Elinor and Walker, James, eds. *Trust and Reciprocity: Interdisciplinary Lessons from Experimental Research*. New York: Russell Sage Foundation, 2003.

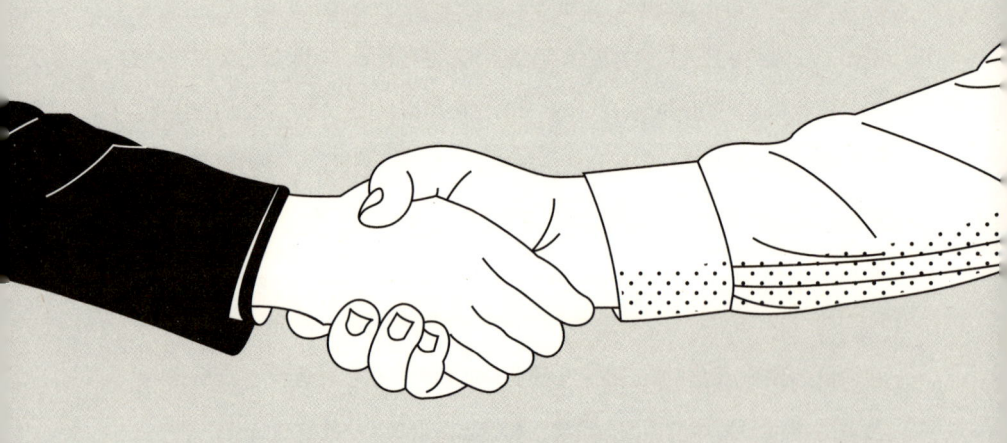

也限制了她们对自己生活方式的选择。然而，她并没有争辩为什么妇女应该获得权利，而是认识到她必须证明拥有这些权利的价值。她解释了这些权利将为社会带来的好处，她主张女性接受教育，因为教育会使女性成为更好的妻子和母亲，更有能力养活自己，养育聪明、有责任心的孩子。

在《女权辩护》一书中，她的思想就清晰地展示了什么是二阶思维："我主张男女应该共同争取的权利，并不是想要为她们的过错寻找借口，而是为了证明这些权利是接受教育和社会地位的必然结果。如果是这样，我们就有理由认为，她们在身体、道德和公民身份上获得自由后，她们自然会改变自己的性格，纠正恶习和所犯愚蠢之事。"[1]

为女性赋权是承认女性拥有权利的一阶效应，但通过探讨这一效应将对社会产生的结果，即二阶效应，她开启了一场全民讨论，最终形成了我们现在所说的"女权主义"。女性不仅会得到自己应得的自由，也会成为更好的女性、更好的社会成员。

友情提示

虽然二阶思维富有价值，但我们必须注意一点：你不能任其导致滑坡效应的瘫痪。滑坡效应指的是一旦开始行动A，整个处境就会每况愈下，持续走下坡路，从而引发一连串后果B、C、D、E、F。

---

[1] Wollstonecraft, Mary. *A Vindication of the Rights of Woman*. London: 1792.

加勒特·哈丁在《筛除蠢蛋》一书中巧妙地解决了这个问题:"那些楔子论证（即滑坡论证[1]）的拥趸仿佛认为人类完全缺乏实际的判断力。在日常生活中，有无数例子可以证明悲观主义者大错特错……如果我们对楔子论证信以为真，我们就会通过一项立法，禁止所有车辆以大于零的速度行驶。这个方法确实可以轻松地解决道德问题，但我们不会通过这样的立法。"[2]

在实际生活中，任何事情都有限度。即便我们能考虑到二阶乃至更高阶的结果，我们也只能就此打住。在美国和其他地方的禁酒令热潮中，保守的戒酒者常常表示，喝下第一杯酒就是迈向罪恶生活的第一步。他们说得没错——喝一杯啤酒确实有可能让你变成酒鬼，但大多数时候并不会。

因此，我们需要避免滑坡论证及其可能导致的分析瘫痪[3]。二阶思维需要评估最可能产生的影响及其最可能导致的结果，检查我们对自己行为造成的典型结果的理解是否准确。如果我们对行为可能带来的结果背后的一切结果都忧心忡忡，那我们可能永远不会做任何事，那我们就大错特错了。至于如何平衡对高阶思维的需求和有限度的实际判断，我们必须根据具体情况具体分析。

---

1 滑坡论证力图以采取第一步会导致其他灾难性后果为由，劝阻听众不要采取第一步。——译者注

2 Hardin, Garrett. *Filters Against Folly*. New York: Penguin, 1985.

3 分析瘫痪指的是当我们准备开始一件新的事情时，会思考它可能对我们的影响，思考我们是否已经准备充分，于是我们的行动变得迟缓，最后甚至不了了之。——译者注

思考的框架

结论

我们不是在真空中做决定,不可能不劳而获——只有所得却不必付出任何代价。在做选择时,考虑结果可以帮助我们避免未来可能出现的问题,但我们必须问自己一个关键问题:然后呢?

结果有很多种,有些结果会更清晰明确。从你所处系统的角度来思考,会让你看到结果背后的结果。利用已掌握的信息尽可能全面、长远地思考一个问题,可以让我们考虑到时间、规模、阈值等诸多方面。权衡不同的路径就是思考的全部意义,花一点儿时间进行前瞻性的思考可以为今后节省大量的时间。

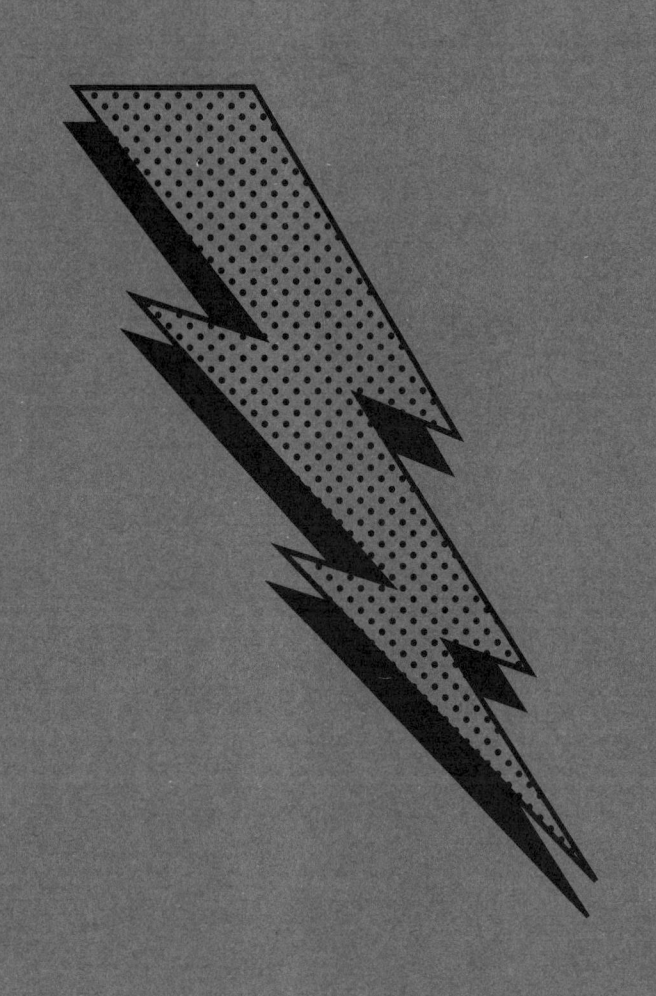

概率思维

思维模型 06

——
概率有多大?

探索未知和不可控的事物时，概率论是我们唯一可以依赖的数学工具。幸运的是，这个工具虽然复杂，却非常强大、方便。[1]

——本华·曼德博

---

[1] Mandelbrot, Benoit. *The Fractal Geometry of Nature*. New York: W.H. Freeman and Company, 1977.

概率思维本质上是通过运用一些数学和逻辑工具，估算特定结果出现的可能性。概率思维是我们提高决策准确度的最佳工具之一。在这个世界上，每个时刻都由一组无限复杂的因素决定，概率思维则可以帮助我们确定最有可能出现的结果。了解了这些结果之后，我们就可以更精确、有效地做出决策。

你到底会不会被闪电击中？

为什么我们需要"概率"这一概念呢？这个问题值得思考。一件事情要么发生，要么不发生，对吧？我们今天要么会被闪电击中，要么不会被闪电击中。问题是，我们只有过完这一天才能知道最后的结果，而这对我们在早上做出的决定毫无帮助。未来还远未确定，对于可能影响到自身的事件，我们要积极了解其发生的概率，从而更好地驾驭未来的不确定性。

由于我们并未掌握这个世界的完整信息，概率论便应运而生。我们知道，未来必然不可预测，因为无法知晓所有变量，即便是数据中一个微不足道的错误，也会很快打乱我们的预测。我们唯一能做的就是，通过生成有意义的现实概率来估算未来。那我们应该怎么做呢？

概率无处不在，贯穿世界的方方面面。我们头脑中的概率机制（心理学家丹尼尔·卡尼曼和阿莫斯·特沃斯基提出的快速启发式）是在计算机、工厂、交通、中层管理人员和股票市场出现之前随人类进化而来的。它在人类谋求生存的时代为我们服务，直到现在仍然很好地为我们所用。[1]

但是到了今天呢？对我们大多数人来说，求生存并不是什么大问题，我们还想要谋发展，想要参与竞争，想要赢得竞争。在大多数情况下，我们想在复杂的社会系统中做出明智的决策，但这些系统是新生事物，不同于让我们的大脑进化出（相当理性的）启发式的那个世界。

为此，我们需要有意识地补充所需的概率意识。概率到底是什么？我该如何利用概率？

我们需要解释概率的三个重要方面，这样就可以把它们整合进思维体系，从而提高成功的概率。

1. 贝叶斯思维；
2. 肥尾曲线；
3. 非对称。

---

[1] Kahneman, Daniel and Amos, Tversky. *Judgment under Uncertainty: Heuristics and Biases*. Science. Volume 185, 1974.

托马斯·贝叶斯和贝叶斯思维： 贝叶斯[1]是英国18世纪上半叶的一名牧师，其最知名的作品《机会学说中一个问题的解》（An Essay Toward Solving a Problem in the Doctrine of Chances）由他的朋友理查德·普莱斯于1763年（贝叶斯死后两年）带入英国皇家学会的视野。这篇文章关注的是当我们遇到新的数据时，我们应该如何调整概率。这篇文章为伟大的数学家皮埃尔·西蒙·拉普拉斯（Pierre Simon Laplace）推动贝叶斯定理的发展奠定了基础。

贝叶斯思维（也可以称为贝叶斯更新）的核心内容如下：鉴于我们对这个世界的了解比较有限，但了解到的信息都十分有用，而且会不断遇到新的信息，我们或许应该在学习新知识的同时认真考虑已知的内容，越多越好。贝叶斯思维告诉我们，在做决定时要使用所有相关的已知信息。统计学家可能会称其为"基本比率"，也就是吸收有关过去情况（比如你现在所处的情形）的外部信息。

假如有这样一个新闻标题——"暴力持刀伤人事件频发"，如果不具备贝叶斯思维，你可能真的会因此惴惴不安，因为你成为袭击或谋杀案受害者的概率比几个月前更高了。但是贝叶斯方法会让你把这一信息放到你已知的有关暴力犯罪的大背景中。

---

[1] 托马斯·贝叶斯（Thomas Bayes，1702—1761），英国统计学家、牧师。以他的名字命名的定理是概率论数学的一个关键组成部分。他自己从未出版过这篇文章，所以我们必须感谢他的朋友理查德·普莱斯（Richard Price）没有将它束之高阁。

条件概率

条件概率在实践中与贝叶斯思维存在相似之处,但二者的出发点有所不同。当你用历史事件来预测未来时,你必须留心围绕该事件的一系列条件。

事件可以是独立的,比如抛硬币,也可以是非独立的。非独立事件是指某个事件的结果取决于先前发生的其他事件。打个比方,我和你一起出去玩了三次,我们一起去吃冰激凌,我选了香草味。你会认为香草味就是我的最爱,所以我会一直选择香草味吗?你首先需要判断我选择香草味冰激凌是一个独立事件还是非独立事件。在100种口味中挑选时,我是排在第一个优先做出选择吗,还是排在队伍后面,在我选的时候,巧克力味已经被别人挑走了?

如果每次他人选择之后,所有口味依然可供挑选,那么我对冰激凌口味的选择就是独立的;如果每次别人选过的口味就不能再选,那么我对冰激凌口味的选择就是非独立的。在后一种情况下,我选择香草味的概率取决于别人做出选择后还剩下什么口味。

因此,使用条件概率就意味着要非常仔细地观察事件发生之前出现的条件。

你知道暴力犯罪率已经下降到几十年来的最低水平，如今你所在的城市相比数据统计之初更加安全。假设你去年被人刺伤的概率是万分之一，也就是 0.01%。这篇文章准确地指出，暴力犯罪的概率翻了一番，现在变成了万分之二，即 0.02%。这值得我们特别担心吗？先前的信息是关键。考虑已知信息后，我们就会意识到自己的安全并没有受到威胁。

相反，我们再看看美国的糖尿病发病率统计数据，我们对已知信息的应用将导致我们得出全然不同的结论。贝叶斯分析表明，你应该重点关注糖尿病的问题。1958 年，有 0.93% 的人口被诊断患有糖尿病。2015 年，这一比例攀升至 7.4%。在这期间，糖尿病确诊病例稳步攀升，并非突然出现一个峰值。所以先前的相关数据（或者称为"先验数据"）体现了一个令人担忧的趋势。

我们必须记住一点，先验数据本身就是概率估计。对于每一点先验知识，你不是把它放入一个二元结构——判断它是真还是假，你是在赋予它证实为真的概率。因此，你不能让先验数据妨碍你吸收新的知识。用贝叶斯思维的术语来说，这叫作"似然比"或者"贝叶斯因子"。你所遇到的任何有悖于先验数据的新信息，只是意味着会降低先验数据为真的可能性。最终，某些先验数据会被完全推翻。这是一个持续的循环往复，不断质疑和证实你自以为知道的信息。在做出不确定的决策时，如果不扪心自问"有哪些相关的先验数据，以及我可以利用哪些已知的信息来更好地理解现实情况"，那往往都是错误的。

肥尾曲线： 大多数人比较熟悉的是钟形曲线，那优美、对称的波浪线条展示了从身高到考试成绩等诸多事物的分布规律。钟形曲线很棒，易于理解，也方便使用，它的专业名称叫作"正态分布曲线"。如果知道自己处于正态分布的情况下，我们就可以快速确定参数，为最有可能出现的结果提前制订计划。

肥尾曲线则与之不同。我们来看一看。

乍一看，两种曲线似乎非常相似。集中分布在中间位置，两端逐渐下降，呈波浪状。区别就在于尾部。钟形曲线两端的极端情况是可以预测的，距离均值的偏差有限，但肥尾曲线的极端情况并无上限。

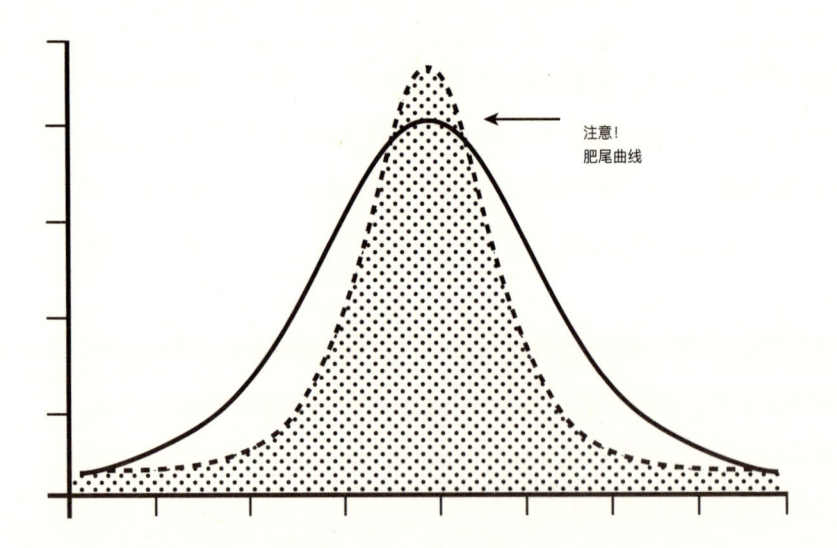

注意！
肥尾曲线

永远要格外注意尾巴，这可能是最重要的变量。

思考的框架

可能发生的极端事件越多，曲线的尾部越长。虽然极端事件发生的概率依然很低，但可能情况的庞大数量意味着，我们不能指望最常见的结果可以代表平均值。可能发生的极端事件数量越多，其中一个极端事件会发生的概率越高。疯狂的事情肯定会发生，但我们无法确定何时发生。

我们可以这样理解：在正态分布的情况下（比如整个人群中身高或体重的分布），在可能的范围内存在异常值，但这些异常值一般都有一个相当明确的范围。你永远不会遇到一个体重为男性平均值10倍的男人，但在像财富曲线这样带有肥尾的曲线中，集中的趋势有所不同。你可能会经常遇到比普通人富有10倍、100倍乃至10 000倍的人。这是大相径庭的两个世界。

让我们重新探讨一下前文与贝叶斯思维有关的暴力风险案例。假设你听说在楼梯上滑倒后磕破脑袋的风险要比被恐怖分子杀害的风险大。统计数据，也就是先验数据，似乎证明了这一点：去年在你们国家，有1 000人因在楼梯上滑倒而死亡，500人死于恐怖分子之手。你应该更恐惧上下楼梯，还是更担心恐怖袭击？

有人用类似的例子来证明恐怖袭击的风险很低：既然最新数据已经显示，恐怖袭击事件中的死亡人数很少，那我们还有什么好担心的呢？[1]问题就在于曲线的肥尾：恐怖暴力事件的风险类似于财富，而楼梯滑倒致死的风险更像

---

1   Bernstein, Peter L. *Against the Gods: The Remarkable Story of Risk.* New York: John Wiley and Sons, 1996.（这本书在第13章中有一段精彩的讨论，是关于如何利用过去事件发生的范围估算未来事件发生的概率，借鉴了富兰克·奈特和约翰·梅纳德·凯恩斯的著作。）

数量级

当纳西姆·塔勒布指出我们对概率的使用不够成熟时,他的方向是对的。在《黑天鹅》一书中,他表示,在衡量极端事件的风险时,任何微小的错误都可能意味着不是仅仅出现了轻微的偏差,而是已经南辕北辙,出现了数量级的偏差。[1] 换句话说,不是 10% 的错误,而是 10 倍、100 倍乃至 1 000 倍的错误。一些我们认为千年一遇的事情可能出现在任何一年!这就是由于使用了错误的先验信息,最终导致我们低估了未来分布情况出现变化的概率。

---

1 Taleb, Nassim. *The Black Swan: The Impact of the Highly Improbable*, 2nd edition. New York: Random House, 2010.

是身高和体重。未来十年里，有多少事件可能发生？曲线的尾巴有多肥？

重要的是，不要坐下来想象每种可能的情况（这肯定是做不到的），而是要以正确的方式对待肥尾领域：将自己定位为求生存的人，甚至是从不可预测的未来中受益的人；保持世人皆醉我独醒的正确思考，对我们并不完全了解的世界进行规划。

非对称： 最后，你还需要考虑所谓的"元概率"，也就是你自己做出的概率估算本身准确的概率。

这个被严重误解的概念与非对称有关。如果你去看专业投资者精心打磨的股票推介，你就会发现，几乎每提出一个想法，投资者都会看着观众的眼睛说，他们认为自己的投资策略的年收益率将达到20%～40%，有的甚至更高。事实上，只有极少数人能达到这个标准，并不是因为他们一个都没有赌对，而是因为他们错得太多了。他们总是高估自己对概率估算的信心。（以一个数据作为参考：在很长一段时间内，美国普通股票市场的年回报率为7%～8%，不包括手续费。）

另一个常见的非对称表现就是人们估算路况对路程时间影响的能力。你有多少次是"准时"出发且提前20%的时间到达目的地？几乎从来没有过？你有多少次是"准时"出发，却迟到了20%的时间？总是这样？这就对了。你的估算误差是非对称的，向单一方向倾斜。这种情况经常出现在概率决策中。

反脆弱

身处这样一个我们不甚了解且由肥尾主宰的世界，我们怎样才能从不确定性中获益？纳西姆·塔勒布在其《反脆弱》[1]一书中给出了答案。

以下是他在书中提出的核心观点。事物可以分为三种类型：受到波动性和不可预测性负面影响的、面对波动性和不可预测性不受任何影响的，以及受益于波动性和不可预测性的。最后一类就属于反脆弱，就好比希望被送错的快递包裹。在某种程度上，某些事物会从波动中受益，这也应该成为我们的目标。为什么呢？因为这个世界从根本上来说就是变化多端、不可预测的，大事件（恐慌、崩溃、战争、泡沫等等）往往会对结果产生巨大的影响。

应对这样一个世界有两种方法：要么尝试进行预测，要么尝试做好准备。预测自有其吸引力，在整个人类历史的长河中，预言家和占卜师都过得十分滋润。问题在于，几乎所有对股市、地缘政治和全球金融等复杂现实领域中"专家预测"的研究都一次又一次地证明，对于世界上极具影响力的罕见事件，我们根本无法预测！做准备反而更有效率。

有哪些方法可以让我们做好准备，用反脆弱性武装自己，以便从世界的动荡中受益呢？

方法一是华尔街交易员所说的"上行选择权"，也就是寻找我们认为存在更多机会的情况。以参加鸡尾酒会为例，很多你想认识的人都会参加这场酒会，虽然你没法保证一定可以成功，你可能不会遇到这些人，即便遇到了，进展也未必一定顺利，其中掺杂着意外和随机的因素。最坏的结果也不过是……白跑一趟。但有一件事你可以肯定，那就是如果你选择宅在家里，你是永远不可能遇见这些人的。通过参加酒会，你可以提高自己碰运气的概率。

方法二是学习如何"正确地"失败。"正确地"失败有两大组成部分：首先，适度冒险，避免跌倒了一次就一蹶不振（永远不要彻底离场）；其次，培养韧性，从失败中学习，然后东山再起。掌握了这两点，你的失败都只是暂时的。

没人喜欢失败，失败一定是伤痛的经历，但失败也能赋予我们反脆弱的能力——学习。不畏惧失败的人相比其他人天然拥有了巨大的优势，学到的知识使他们不那么容易受到世界动荡的影响。他们能以一种真正的反脆弱的方式从中受益。

假设你梦想成功创业，但又缺乏商业经验。你是应该去上商学院，还是立马着手冒着失败的风险创业？商学院有其优势，但商业本身，尤其是艰苦卓绝、参差不齐的真实体验，要历经成功与失败的快速反馈循环。换句话说，试错可以带来宝贵的信息。

《反脆弱》的心态非常独特。只要有可能，试着让随机性和不确定性成为你的朋友，而不是你的敌人。

1
Taleb, Nassim. *Antifragile*. New York: Random House, 2012.

"过于乐观"的概率估算相比"不太乐观"的估算，错误率要高得多。你几乎没听说过哪个投资者的目标是实现 25% 的年收益率，后来却取得了 40% 的长期收益率。朝《华尔街日报》掷个飞镖，大多数被击中的投资者的目标都是每笔投资的年回报率达到 25%，结果却只接近 10%。

间谍的思维

成功的间谍非常擅长概率思维。高风险的生存环境往往使我们尽可能不带偏见地评估自己所处的环境。

二战期间，薇拉·阿特金斯[1]是英国特别行动处法国分部的二把手。特别行动处是一个直接向时任首相温斯顿·丘吉尔汇报的英国情报机构。[2] 阿特金斯必须依靠计算信息的准确性概率做出成百上千个决定。

阿特金斯负责在法国被占领区招募和部署英国特工。她需要判断谁能胜任这项工作，以及最佳情报来源在哪里。这些都是生死攸关的抉择，也都基于概率思维。

首先，如何选择特工？不是每个人都能在高压环境中开展卧底工作并建立必要的联系来收集情报。二战期间在法国卧底失败的结果不是被解雇，而

---

[1] 薇拉·阿特金斯（Vera Atkins，1908—2000），罗马尼亚裔英国情报官员。因二战期间为同盟国做了突出的贡献，她受到英法两国政府的高级别嘉奖。

[2] Helm, Sarah. *A Life in Secrets: The Story of Vera Atkins and the Lost Agents of SOE.* London: Abacus, 2005.

是死亡。性格和经验方面的哪些因素可以证明一个人适合这份工作？即便是在今天，随着心理学、审讯和测谎仪的发展进步，选人的标准仍然是基于主观判断。

对20世纪40年代的薇拉·阿特金斯来说，这其实是一个为各种因素分配权重的过程，她需要评估每个候选人成功的概率。谁会说法语？谁更自信？谁过于依赖家庭？谁拥有解决问题的能力？从招募到部署，她对每个特工的培养都是一系列有理有据、持续更新的评估。

前期的选拔、培养工作只是战斗的开始。你应该把这些情报人员送到哪里去？如果你的信息已经足够完善，明确知道应该派往何地，那你可能就根本不需要执行情报任务了。选择目标是培养概率思维的另一种练习方式，你需要评估自己目前掌握的信息及已建立的网络是否可靠。情报不是证据，既没有指挥链，也没有对真实性的担保。

从被德军占领的法国传来的内容一般都是模糊的照片、在传回总部的过程中历经多人之手的手写便条，以及无法证实的无线电传输信息，这些信息发送得很快，有时比较零乱，接线员又承受着常人无法想象的压力。在决定使用哪条信息时，阿特金斯必须考虑自己所掌握的信息的相关性、质量和及时性。

她的决策不仅要考虑到已经发生的事情，还要顾及未来可能发生的事情。试图为每种可能发生的情况做准备就意味着特工必须足不出户，但必须想办法为诸多意外情况做好准备。毕竟，他们通常是在极不稳定的动态环境中执行任务。阿特金斯派往法国的特工主要从事三种工作：组织者负责招募当地人，发展网络，确定破坏目标；通信员负责在全国各地传递信息，联系人员和网络来协调活动；无线电报务员负责架设并伪装重型通信设备，将信息带出国，并随时听候调遣准备转移。所有工作都很危险，永远无法确认全部的威胁所在。太多的事情有可能出错，被发现或被背叛的可能性太大，不可能计划好所有情况。阿特金斯安排在法国的无线电报务员的平均存活时间仅为 6 周。

最后，这些数字表明，对每名特工成功概率的估算是非对称的。在阿特金斯派往法国的 400 名特工中，有 100 人被捕并被残忍杀害。这么说并不是要评判她的技能或智慧，概率思维只能让你的水平达到某一等级，并不能百分之百确保成功。

毋庸置疑，在第二次世界大战期间，为了扰乱德国在法国的行动，阿特金斯在很大程度上依赖概率思维指导自己的决策过程。评估特工职业生涯的成功与否是很难的，因为这份工作总是伴随着各种损失。阿特金斯非常成功，她构建的网络在战争期间开展了富有价值的破坏行动，大力支持了同盟国的作战计划，但所付出的生命代价也是巨大的。

思考的框架

结论

高效的概率思维意味着你首先要大致确定什么是最重要的因素，估计自己有几分胜算，验证假设，然后做出决定。在不可预测的复杂情况下，我们可以更有把握地采取行动。我们永远无法精确地预知未来。概率思维是一种非常有用的工具，可以用来评估未来可能的世界面貌，以便我们有效地制定战略。

配套理念三
因果关系与相关关系

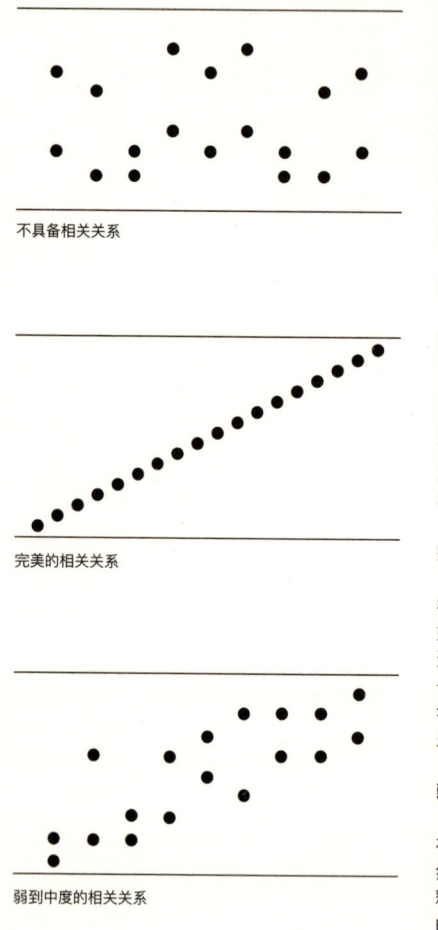

不具备相关关系

混淆这两个术语常常导致对世界运行方式提出错误的假设。我们注意到两件事情同时发生（相关关系），然后就错误地得出结论，认为是其中一件事导致了另一件事的发生（因果关系）。接着，我们往往会根据这个错误的结论采取行动，做出可能对我们的生活产生重大影响的决策。问题在于，如果不能准确理解这两个术语的含义，这些决策就无法利用真正的世界动态，只能靠运气取胜。

不具备相关关系

两个指标之间的相关系数（介于 -1 和 1 之间）可以衡量二者共同因素的相对权重。例如，两个几乎没有共同因素的现象，如瓶装水的消耗量和自杀率，它们的相关系数应该接近于 0。也就是说，如果我们观察世界上所有的国家，并绘制出某一特定年份的自杀率与人均瓶装水消耗量的点状图，图上将显示二者之间完全没有规律可言。

完美的相关关系

完美的相关关系

相反，有些指标则完全依赖于同一因素。一个很好的例子就是温度，控制温度的唯一因素是分子运动的速度，是所有温度单位共有的。因此，每一摄氏度都对应着一个华氏度。因此，摄氏度和华氏度的相关系数为 1，二者绘制出的点状图将呈一条直线。

弱到中度的相关关系

弱到中度的相关关系

在人文科学中，相关系数为 1 的现象少之又少。然而，两种现象之间存在弱到中度的联系且能解释得通的情况却数不胜数。比如身高和体重之间的相关系数会落在 0～1 的区间。事实上，每个

3岁儿童都比成年男性轻，也更矮，但并不是所有身高相同的成年男性或3岁儿童都一样重。

这种变动及相应较低的相关性表明，虽然通常来说身高对于体重是一个很好的预测指标，但显然除身高外，还有其他因素在起作用。

此外，相关关系有时可以反过来发挥作用。假设你读到一项研究，研究人员比较了父母的饮酒量与孩子的学习成绩。该研究显示，父母饮酒过多与孩子学习成绩差之间存在关联。那这二者到底是属于因果关系，还是相关关系呢？人们很容易得出因果关系的结论，比如父母喝酒越多，他们的孩子在学校的表现越差。

然而，这项研究只是证明了两者之间存在关系，并没有证明两者之间一定存在因果关系。两个因素是相关的，即父母饮酒与孩子的学业成绩成反比。完全有可能的是，酗酒的父母会导致孩子的学习成绩变差。然而，真正的因果关系也有可能是反向的，孩子在学校表现不好导致父母酗酒。尝试转换因果关系可以帮助你梳理各种说法，以确定你面对的是真正的因果关系，还是只是相关关系。

因果关系

只要相关关系并非完美，极端情况都会随着时间的推移而弱化。不管是否采取额外的行动，最好的情况总会慢慢变糟，而最坏的情况也总会慢慢变好，这种现象叫作"均值回归"，意味着我们在确认因果关系时要格外小心。这是一般媒体，有时甚至是训练有素的科学家都容易忽略的。

以下是丹尼尔·卡尼曼在《思考，快与慢》[1]一书中给出的例子："采用服用能量饮料的方式治疗的抑郁症患儿在三个月内病情显著改善。这个新闻标题是我编出来的，但它报道的事实是真实的：如果你用能量饮料治疗一组患有抑郁症的儿童一段时间，他们会表现出显著的临床改善效果。同样，抑郁症患儿如果每天花点儿时间倒立或者撸猫20分钟，症状也会有所改善。"

每当看到这样的新闻标题，人们很容易得出结论：能量饮料、倒立或者撸猫都可以有效地治疗抑郁症。然而，这些案例再次体现了均值回归的特征："抑郁症患儿是一个极端群体，他们区别于其他大多数孩子，而极端群体会随着时间的推移逐步回归到平均水平。连续几次测试中抑郁症状得分之间的相关性并不完美，所以最终会回归到平均值：患有抑郁症的儿童会逐渐康复，即便他们不撸猫，也不喝能量饮料。"

我们常常错误地将一项特定的政策或者处理方式视为导致某个结果的原因，而极端群体的变化无论如何都会发生。这就引出了一个基本问题：我们怎样才能知道这些影响到底是真实的，还是仅仅出于自然的变化？

幸运的是，有一种方法可以区分真正的改善和无论如何都会发生的变化，那就是引入对照组，对照组本身会因均值回归而得到改善。研究的目的是确定实验组的改善是否超出了均值回归所能解释的范围。

在现实生活中，针对特定的个人或团队的表现，唯一的衡量基准就是历史业绩，也没有控制组可以引入，因此，我们可能很难拆分出均值回归的影响。我们可以与行业平均水平、同辈或者历史改善率进行比较，但这些都不是完美的衡量标准。

1

Kahneman, Daniel. *Thinking Fast and Slow*. New York: Random House, 2011.

保险公司

全世界对概率最具敏感性的公司当属保险公司,因为它们必须注重概率。当我们想到保险时,我们可能会想到人寿保险(投保人在一定年龄死亡的概率),或者汽车保险(发生车祸的概率),又或者是房屋保险(一棵树倒在房子上的概率)。根据我们所掌握的统计数据,在足够大的人口群体中,这些事情发生的概率很容易进行定价和预测。

但保险覆盖的范围广泛,只要你支付一定的金额,保险公司会为几乎任何事件提供保险。内衣品牌维多利亚的秘密的超模的腿、棒球运动员的胳膊、百事可乐挑战赛和美国大学联盟锦标赛,甚至一位著名乡村歌手的胸部都有保险。

这是怎么做到的呢?只需要密切关注概率。伟大的保险公司都知道如何关注重要的因素,哪怕它们不是完全可预测的,并相应地进行定价。

模特腿部严重受伤,以至于彻底葬送其职业生涯的概率有多大?一万分之一?十万分之一?正确的做法是细心评估被保险人的生活方式、习惯、健康状况及家族史,并提出足以赚取平均利润的价格和一系列条件。这就像在赛马场上妨碍比赛一样。你可以同意承保,但关键是要提出合适的价格,为此我们需要概率。

逆向思维

思维模型 07

IDEA

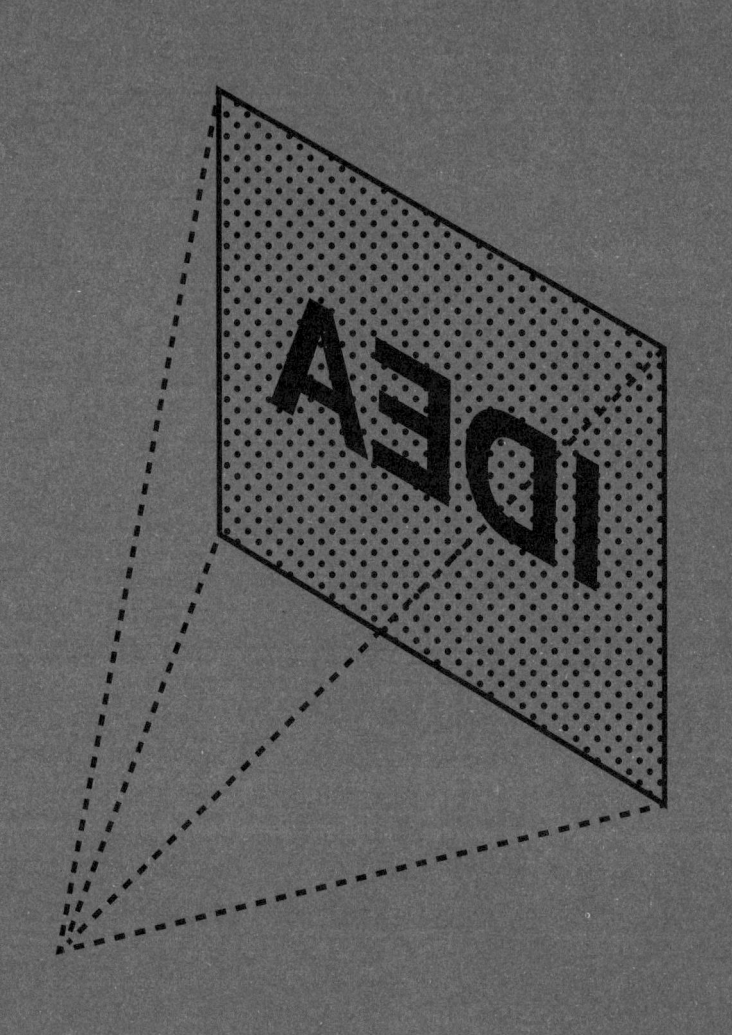

转变你的视角。

衡量一流智力的标准是
能够在头脑中同时持有两种
相反的观点,
并且仍然保持大脑的正常运转。
比如,一个人应该
既能够看清前路希望渺茫,
又能下定决心力挽狂澜。[1]

——弗朗西斯·斯科特·
菲茨杰拉德

---

[1] Fitzgerald, F. Scott. "The Crack-up, Part I." *Esquire*, February 1936.

逆向思维是一个强大的工具，可以改善你的思维方式，因为它能帮助你识别并消除成功的障碍。作为一种思维工具，它意味着从起点的另一头着手解决问题。大多数人都倾向于用从前往后的方式思考问题，逆向思维可以让我们把问题倒过来，从后往前思考。有时从开头入手很不错，但从末尾着手或许更有效率。

不妨这样想：避免愚蠢要比追求智慧容易得多。将向前和向后思考的能力结合起来，可以帮助你从多个角度看待现实。

在生活中运用逆向思维有两种方法：

1. 先假设你要证明的内容要么是对的，要么是错的，然后找出还有什么其他需要为真的条件。
2. 与其直接瞄准目标，不如深入思考你需要避免什么结果，然后看看还有哪些剩余的选项。

提出假设： 19 世纪的德国数学家卡尔·雅可比[1]解出了一些难度极大的数学问题，但他最出名的成就可能是他提出的"逆向，始终要逆向思考"。雅可比通过从末尾着手解决了一系列难题。每当在数学难题中证明定理时，他可能会先假设这个定理的某个性质是正确的，然后试图确定这个假设的结果。从这个角度出发，他可以提出令人惊讶的甚至是违反直觉的见解。

雅可比并不是第一个运用逆向思维的数学家，事实上，逆向思维是数学、哲学和科学探究的重要内容。科学发展到今天，我们可以环顾四周，认识到即便我们看不到原子和夸克，也能知道它们的存在，因为我们可以预测它们的行为，并验证预测的结果。

或者我们也可以回到 2 300 年前，看看毕达哥拉斯（没错，就是"毕达哥拉斯定理"的那个毕达哥拉斯）的追随者古希腊数学家希伯斯的成就。[2] 他试图推导出根号 2 是多少，但他最初直接解决这个问题的方法（其实就是将越来越大的整数彼此相除）非常耗时，最终徒劳无功。他陷入了僵局，因为他意识到，从前往后的方法永远不可能明确解决这个问题。他越来越沮丧，但没有放弃，决定采用相反的路线，转而思考根号 2 可能意味着什么，再从此处倒推。如果他没法按照预期的方式找到结果，他就先去证明根号 2 不可能是什么。正是他孜孜不倦的探索永远改变了人类对数学

1　卡尔·雅可比（Carl Jacobi, 1804—1851），德国数学家，他为椭圆函数、动力学和数论的发展做出了突出的贡献。

2　Heath, Thomas. *A History of Greek Mathematics, Volume 1, From Thales to Euclid.* UK: Oxford University Press, 1921.

的理解，最终成为发现无理数的第一人。

数学并不是唯一一个通过运用逆向思维可以得到令人惊讶、一反直觉的结果的领域。在20世纪20年代，美国烟草公司想把他们的好彩牌香烟卖给女性消费者。在当时的环境中，男性吸烟，但女性不吸烟。女性吸烟的禁忌无处不在，因为当时吸烟被视为男性专属的活动。因此，女性消费者其实是一个有待开发的市场，有可能带来巨额利润。公司管理者认为，他们应当利用当时已经流行起来的以瘦为美的风潮，让女性相信吸烟可以帮她们变瘦，公司聘请了爱德华·伯尼斯[1]，伯尼斯随后想出了一个真正具有变革意义的营销方案。[2,3]

在运用逆向思维的过程中，伯尼斯并没有问"我怎样才能把更多的香烟卖给女性"，相反，他思考的是，如果要让女性购买香烟并养成吸烟的习惯，还有什么条件需要为真？世界需要怎样的改变才能让女性愿意吸烟，并为社会所接受？接着更进一步，一旦知道需要改变什么，他该如何实现？

为了推广"吸烟有助于减肥"这一理念，伯尼斯发起了一场大规模的反甜食运动：晚饭后应该抽烟，而不是享用甜点；香烟可以减肥，甜点则会毁了身材。但是伯尼斯真正的天才之处并不仅在于打出广告说服女性通过吸

---

[1] 爱德华·伯尼斯（Edward Bernays, 1891—1995），澳大利亚裔美国人，被誉为"公共关系之父"。尽管他的影响不容置疑，但他留下的遗产是杰出但时而有悖道德的策略，消费者和公民至今仍要面对这些策略的迷惑性。

[2] Axelrod, Alan. *Profiles in Folly: History's Worst Decisions and Why They Went Wrong*. New York: Sterling, 2008.

[3] Tye, Larry. *The Father of Spin*. New York: Holt and Company, 1998.

史上最成功的侦探

第一个吸引公众眼球的伟大侦探就是夏洛克·福尔摩斯,他处理案件的方式看似高深莫测,但你回头去看似乎又显而易见。他看上去像个魔术师,但实际上不过是一个细致的观察者。他也是一位逆向思维大师。

在他的第三个案件"波希米亚丑闻"[1]中,福尔摩斯受雇于一位国王,去追讨一张不光彩的照片。照片上这位国王与美国歌剧演唱家艾琳·艾德勒关系亲密。国王担心艾德勒会利用两人的照片破坏他即将举行的婚礼,或者未来向他敲诈勒索。他不想生活在这种威胁下,于是委托夏洛克·福尔摩斯从艾德勒那里取回照片。

接受这项任务后,福尔摩斯是怎么做的?如果换作你,你会怎么做?他会研究艾德勒几个月,再根据她的性格特征确定她可能会把照片藏在哪里吗?他会闯进她的房子,搜寻每个角落吗?上述答案都不对,他对问题进行了逆向思考。

假设艾德勒确实藏有这样一张照片并打算以此要挟国王,那还有什么条件需要为真呢?她很可能非常珍惜这张照片,因为它就是一棵摇钱树,照片还会被藏在一个方便易取的地方,这样她就能在匆忙中尽快找到。以防万一,我们往往会把最珍贵的物品放在容易拿到的地方。

因此,福尔摩斯设计了一个场景,找借口进入了艾德勒的住所,搭档华生则在屋外的街道上制造了起火的假象。艾德勒信以为真,在逃跑前将照片取了出来。一瞬间,福尔摩斯既证实了照片的存在,又知道了它的存放位置。相比首先寻找对假设本身的证明,福尔摩斯从假设的合理结果着手,并试图验证这些结果,最终以明显更高的效率和准确度推进了案件。

1
Doyle, Arthur Conan. *The Adventures of Sherlock Holmes*. London: George Newnes, 1892.

烟保持身材,"而是寻求重塑美国社会和文化"[1]。他邀请记者和摄影师宣传身材苗条的优点,向医生求证饭后吸烟对健康的益处。他把这种方法与以下策略相结合:"改变整个大环境,努力创造一个香烟无处不在的世界。他发起了一场运动,说服酒店和餐馆将香烟添加到甜点菜单中,为《住宅与庭院》(House and Garden)等杂志撰写专题文章,其中包含的菜单旨在帮助读者'远离暴饮暴食的危险'……他的目的不单单是影响舆论,甚至还想重塑生活本身。伯尼斯找到了设计师、建筑师和橱柜制造商,试图说服他们设计一种含有香烟专用柜的橱柜。他还联系了厨具制造商,让他们在传统的贴有咖啡、茶叶、糖和面粉等标签的容器产品线上增加香烟罐。"[2]

其结果是,美国女性的消费习惯被完全改变了。这场运动不仅是在销售香烟,更是重新组织社会,让香烟成为美国女性日常生活中不可或缺的一部分。

伯尼斯还努力推广在公共场所吸烟,让这种行为逐渐为社会所接受,这场运动同样取得了惊人的成果。他把吸烟同妇女解放联系在一起,吸烟就是自由——香烟被宣传为"自由的火炬"。他策划了一系列公共活动,其中就包括 1929 年举行的一场臭名昭著的复活节游行——女性一边游行一边抽烟。他滴水不漏,没有遗忘任何细枝末节,几乎在一夜之间颠覆了公众对吸

1　Axelrod, Alan. *Profiles in Folly: History's Worst Decisions and Why They Went Wrong.* New York: Sterling, 2008.

2　Axelrod, Alan. *Profiles in Folly: History's Worst Decisions and Why They Went Wrong.* New York: Sterling, 2008.

烟的看法。伯尼斯一下子既成功地将香烟正常化，又让人们对它趋之若鹜。

尽管这场运动使用的原则绝不仅是逆向思维而已，但正是最初逆向的方法为运动的创建和执行提供了框架。伯尼斯并没有关注如何在现有的社会结构中向女性销售香烟，因为销售本身无疑会受到更多的限制。相反，他思考的是，如果女性随时随地吸烟，世界将是什么样子，接着便开始努力让这样一个世界变成现实。一旦他做到了这一点，相较之下，向女性出售香烟简直就是易如反掌。

这种逆向思维方式成为伯尼斯工作的重要支柱。他使用了"间接的吸引力"一词来描述，每次"被雇用去销售某种产品或服务时，他都会兜售全新的行为方式，这些方式看似晦涩，但随着时间的推移，会为他的客户带来丰厚的回报，还重新定义了美国人的生活方式"[1]。

你想要避免什么结果？ 我们可以自问，怎样行事会导致一个糟糕的结果，并以此指导我们的决策，而不是思考如何达成积极的结果。领航投资的约翰·博格尔[2] 推广和利用的指数基金就是在股票市场运用逆向思维的完美案例。[3] 博格尔没有像许多前辈那样询问如何才能跑赢市场，他意识到这项任务的艰巨性：每个人都想跑赢市场，但没有人能够持续做到这一

---

1   Tye, Larry. *The Father of Spin*. New York: Holt and Company, 1998.

2   约翰·博格尔（John Bogle, 1929—2019），美国投资家、商业大亨和慈善家。他是领航投资的创始人、前任首席执行官。

3   Bogle, John. *Common Sense on Mutual Funds: New Imperatives for the Intelligent Investor*. USA: John Wiley and Sons, 1999.

点,而且在这个过程中,很多人损失了真金白银。所以博格尔采取了逆向思维,接下来的问题是,我们应该如何帮助投资者将费用损失和选择糟糕的基金经理所造成的损失降到最低?于是,最伟大的一个想法——指数基金,以及金融史上最强大的一家公司应运而生。

指数基金的运作理念是,积累财富与将损失最小化密切相关。以你的个人财务状况为例,我们经常关注的是积极的目标,比如"我想要变得富有",并以此作为指导方法。我们的投资和职业选择都是基于积累财富的欲望。我们会追求神奇的解决方案,比如试图跑赢大盘。这样的策略不可避免地导致我们一事无成,在这个过程中,我们通常还会冒一些可怕的风险,反倒使我们的处境恶化。

我们可以试着把目标颠倒过来:不要成天想着变得富有,而是竭力避免穷困潦倒。不要试图预测哪些决定可创造财富,而是首先消除那些肯定会削减财富的行为。有些恶习明显不利于财富的累积:花的比赚的多,为债务支付高额利息以至于无法偿还本金,没有尽早开始储蓄来利用复利的力量……这些都是浪费金钱的具体行为。我们可以通过逆向思维确保自己没有做妨碍财富积累的坏事,从而更容易地获取财富。

这种思维类型的理论基础之一来自心理学家库尔特·勒温[1]。20世纪30年代,勒温提出了力场分析法的思想。该理论认为,在需要改变的情况下,

---

[1] 库尔特·勒温(Kurt Lewin,1890—1947),德裔美国心理学家,他被认为是社会心理学的创始人,是最早研究群体动力学和组织发展的学者之一。

对变化进行成功的管理需要运用逆向思维。[1] 以下是对该过程的简要说明：

1. 找到问题所在；
2. 描述期望目标；
3. 列出朝期望目标发展的所有驱动力；
4. 列出朝期望目标发展的所有阻力；
5. 制订解决方案！这一步可能包括加强或增加步骤 3 中的驱动力，以及减少或消除步骤 4 中的阻力。

即便我们富有逻辑性，大多数人也会在步骤 3 之后停滞。一旦我们确定了自己的目标，我们就会专注于需要落实的事项，比如新的培训或者教育项目、信息收发以及市场营销，从而实现目标。但勒温提出的理论表明，消除实现目标道路上的障碍同样有力。

逆向思维出现在步骤 3 和步骤 4 之间。无论你选择从哪个角度出发来解决问题，你都需要紧接着考虑与之相反的另一角度。不仅要考虑如何解决问题，还要考虑哪些做法会适得其反，然后避免这样做，或者消除导致问题持续存在的条件。

故其战胜不忒。
——孙武

---

[1] 关于力场分析法的原始著作请参考 Lewin, Kurt. *Field Theory in Social Science.* New York: Harper and Row, 1951。

19世纪末，弗洛伦斯·南丁格尔[1]利用逆向思维，大大降低了军队医院中英国士兵的死亡率。她是现代护理学的奠基人，也是一名优秀的统计学家，1858年成为英国皇家统计学会的第一名女性成员。

克里米亚战争期间，1854—1855年冬，英军的死亡率为23%，但到了1855—1856年冬，死亡率大幅降至2.5%。[2]发生这一变化的主要原因是人们对士兵真正的死因有了更好的理解，而这种理解正是基于南丁格尔收集的详细统计数据。她证明，造成士兵死亡的罪魁祸首是恶劣的卫生条件。南丁格尔著名的极坐标区域图在当时是一种全新的数据呈现方式，她利用这种图表对统计数据进行可视化，使其更易于理解。她解释说，如果医院的卫生条件得到改善，那么许多士兵的生命就能得到挽救。

南丁格尔对统计数据的运用有助于找到导致军队医院中大量士兵死亡的真正问题。她不仅能够证明军队可以采取何种措施来改善结果，更重要的是，她还指出军队必须避免做什么从而防止事情进一步恶化。她思考了可以从统计学中获得的知识，在另一个有关逆向思维的案例中，她主张使用数据统计作为预防手段。[3]问题不是"我们要如何解决这个问题"，而是"我们如何从一开始就阻止问题发生"。南丁格尔利用在克里米亚战争中积累的知识和经验，不仅为英国陆军野战医院收集数据，也为国内的医院收

1　弗洛伦斯·南丁格尔（Florence Nightingale, 1820—1910），英国社会改革家、统计学家、现代护理学的奠基人。她通过将护理转变为一种职业，并收集有关医院卫生条件的详细统计数据，改善了世界各地人们的生活。

2　McDonald, Lynn. "Florence Nightingale, statistics, and the Crimean War." *Journal of the Royal Statistical Society: Series A* (2014) 177, Part 3, pp. 569-586.

3　McDonald, Lynn. "Florence Nightingale, statistics, and the Crimean War." *Journal of the Royal Statistical Society: Series A* (2014) 177, Part 3, pp. 569-586.

集数据。她指出，军队医院恶劣的卫生条件是造成许多士兵死亡的罪魁祸首，而这些死亡原本是可以避免的。[1]

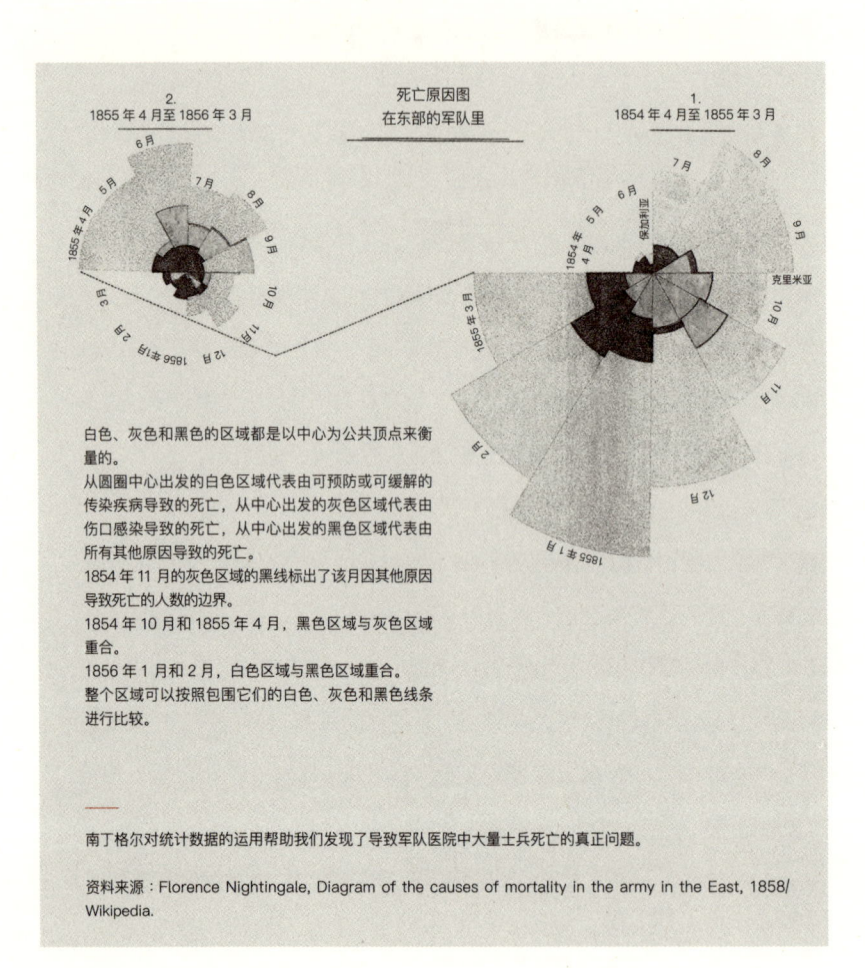

死亡原因图
在东部的军队里

2.
1855 年 4 月至 1856 年 3 月

1.
1854 年 4 月至 1855 年 3 月

白色、灰色和黑色的区域都是以中心为公共顶点来衡量的。
从圆圈中心出发的白色区域代表由可预防或可缓解的传染疾病导致的死亡，从中心出发的灰色区域代表由伤口感染导致的死亡，从中心出发的黑色区域代表由所有其他原因导致的死亡。
1854 年 11 月的灰色区域的黑线标出了该月因其他原因导致死亡的人数的边界。
1854 年 10 月和 1855 年 4 月，黑色区域与灰色区域重合。
1856 年 1 月和 2 月，白色区域与黑色区域重合。
整个区域可以按照包围它们的白色、灰色和黑色线条进行比较。

南丁格尔对统计数据的运用帮助我们发现了导致军队医院中大量士兵死亡的真正问题。

资料来源：Florence Nightingale, Diagram of the causes of mortality in the army in the East, 1858/ Wikipedia.

1　Kopf, Edwin W. "Florence Nightingale as Statistician." *Publications of the American Statistical Association.* Vol. 15, No. 116 (Dec., 1916), pp. 388-404.

南丁格尔对统计数据的倡导最终远远超越了英国军队医院的范畴，但她利用统计数据改善卫生条件的做法可以被视为应用逆向思维的典型案例。她利用统计来提倡解决问题及它的反面——预防问题。

> 是故百战百胜，非善之善者也；
> 不战而屈人之兵，善之善者也。
> ——孙武

结论

逆向思维告诉我们，我们并不总是需要成为天才，也不需要把逆向思维的应用局限于数学和科学证明。在你一筹莫展的时候，试试逆向思维，始终保持逆向的思考。只要你认真对待自己逆向思考得出的结果，你就有可能在解决问题方面突飞猛进。

逆向思维推动创新

使用逆向思维来确定你的最终目标,并在此基础上进行反向推理,这个过程可以激发创新。如果让你猜猜是谁在美国发明了闭路电视,你会选谁?是像美国国防部这样的大型机构,还是一家电信公司,又或者是某个警局的技术专家?你可能不会想到已故的玛丽·范·布里坦·布朗(Marie Van Brittan Brown),她和丈夫阿尔伯特·布朗(Albert Brown)在1966年申请了第一项闭路监控系统的专利。她当时是一名护士,住在美国纽约皇后区的牙买加社区,平时的工作时间不太规律。每当独自在家的时候,她就很没有安全感,于是她决定运用逆向思维做点儿什么。

倘若面临同样的情形,大多数人往往会从前往后思考,考虑在现有的配置基础上再添加一些安全措施,比如加几把锁,或者邀请一位朋友前来陪同。然而,范·布里坦·布朗更进一步,她思考的是自己需要做出哪些改变才能有安全感。她认识到,正是因为她无法看到门外的人,也无法与他们交流,才让她在独自在家时感到脆弱无助。她的逆向思维过程或许是这样的:我能做些什么来改变现状?什么东西必须到位?随着范·布里坦·布朗不断推进这个过程,闭路电视应运而生。

范·布里坦·布朗和她的丈夫设计了一种摄像系统,可以在房门上的四个孔洞之间移动,将图像传输到家里的电视监控器上。她因此可以清楚地看到家门口站着的是谁,另外还有技术可以让她在不开门的情况下与门外的人对话。此外,他们还开发了一种功能,可以让她要么开门请门外的人进来,要么发出警报通知邻居或者保安。

当然,我们可能永远也不会知道范·布里坦·布朗开发并申请这项技术专利的思维过程,但她的故事表明,从目标出发逆向推导可以激励创新,并最终推动目标的实现。

奥卡姆剃刀定律

思维模型 08

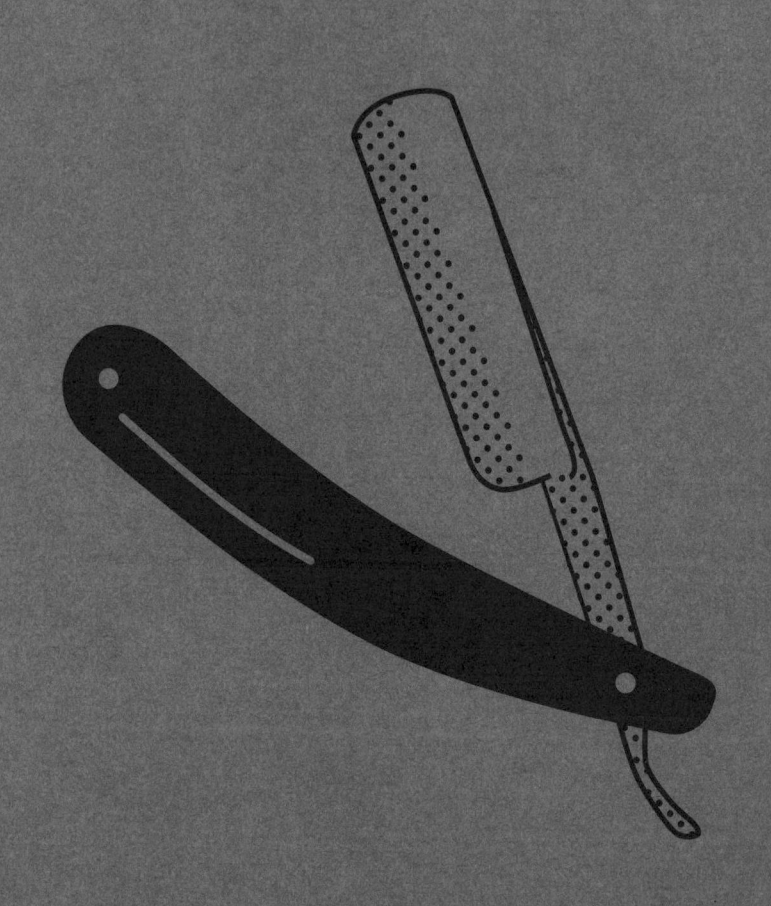

简单点儿就好。

任何人都能把
简单的事情复杂化。
创造力就是把
复杂的事情简单化。[1]

——查尔斯·明格斯

---

[1] Mingus, Charles. *Charles Mingus-More Than a Fake Book*. Hal Leonard Corporation, 1991.

相较复杂的解释，简单的解释更有可能是正确的。这就是奥卡姆剃刀定律的精髓，它是一个逻辑和解决问题的经典原理。与其浪费时间试图反驳复杂的情况，不如基于最简单的解释更自信地做出决定。

我们都难免对某些事情做出过于复杂的解释。丈夫回家晚了，你会担心他是不是出车祸了；儿子比去年少长高了一厘米，你会担心他的身体是不是出问题了；你的脚趾疼痛，你会担心自己是不是得了骨癌。尽管这些最坏的情况都有可能是真的，但如果没有其他相关因素，更有可能的情况不过是你丈夫因为工作耽误了一点儿时间、你量错了儿子的身高、你的鞋子太紧了。

我们经常花大量的时间用非常复杂的叙述来解释自己周围的事物。从街上行人的行为到物理现象，我们总是试图透过自己观察到的表象，猜想隐藏在表象之下的重大意义，这是人类共有的倾向。在某些情况下，比如艺术创造方面，这对我们大有裨益。然而，复杂性需要耗费大量的时间和精力进行拆解、管理和理解。奥卡姆剃刀定律是一个有力的工具，可以帮助你找到并运用最简单的解释，从而避免不必要的复杂问题。

奥卡姆剃刀定律以中世纪逻辑学家威廉·奥卡姆[1]的名字命名，它是我们在不同的解释中进行选择的基本规则。奥卡姆写道："如无必要，勿增实体。"也就是说，我们应该更倾向于最简单的解释。[2,3] 这样的解释更容易被证伪，也更易于理解，通常更有可能是正确的。奥卡姆剃刀定律不是什么铁律，而是一种可供使用的倾向和思维框架：在其他条件相同的情况下，也就是说，如果两个不同的模型具有同等的解释力，那么更有可能的情况是，较为简单的那个解决方案就足够了。

当然，这个想法不太可能是奥卡姆自己提出的，这一理念自古有之。奥卡姆也不是最后一个注意到简单的价值的人。18 世纪的苏格兰哲学家大卫·休谟[4]在其著名的《人类理解研究》一书中以另一种方式阐述了这一定律。休谟在描写奇迹的真伪时指出，我们应该默认对奇迹秉持怀疑的态度。[5]

这是为什么呢？当然不是因为休谟喜欢泼冷水，他之所以对奇迹保持谨慎的态度，是因为一个与奥卡姆观点类似的特殊理由。顾名思义，"奇迹"

1　威廉·奥卡姆（William of Ockham，1285—1347），英国哲学家、神学家。奥卡姆被认为是中世纪思想的主要代表人物之一，对哲学的许多分支，比如逻辑学和伦理学，以及神学的发展都做出了突出的贡献。

2　Franklin, James. *The Science of Conjecture: Evidence and Probability before Pascal*. Baltimore: The Johns Hopkins University Press, 2001.

3　Maurer, Armand. "Ockham's Razor and Chatton's Anti-Razor." *Mediaeval Studies*, volume 46, pp. 463-475.

4　大卫·休谟（David Hume，1711—1776），苏格兰哲学家、历史学家、经济学家。他因其影响力深远的哲学经验主义、怀疑主义和自然主义体系为人所熟知，其理论根基是人类所有的知识都完全建立在经验之上。

5　Hume, David. *An Enquiry Concerning Human Understanding and Other Writings*. New York: Cambridge University Press, 2007.

就是超出了我们对自然规律的正常理解的事情。要不是奇迹超出了我们的共同经验，我们也不会觉得它的出现有多么不可思议。也就是说，基于常识的简单解释很难吸引我们的注意力。

因此，对于奇迹最简单的解释是，奇迹的见证者没有正确地描述事件，或者奇迹只代表了一种我们目前尚未理解的普遍现象。正如卡尔·萨根[1]在《魔鬼出没的世界》一书中所解释的那样："就在几代人以前，自然界的许多方面还被认为是神秘莫测的，而现在，这些现象已经在物理和化学方面得到了充分的理解。今天的一部分谜团也将由我们的子孙后代揭开谜底。事实上，虽然我们现在还无法从脑化学的角度深入了解意识状态的改变，但这并不意味着'精神世界'就一定存在，正如在我们知道向光性和植物激素之前，向日葵总是随着太阳的方向转动也并不能证明这就是一个真正的奇迹。"[2]

对奇迹更简单的解释是，有一些自然法则，我们还不甚了解。这就是休谟和萨根的观点。

---

[1] 卡尔·萨根（Carl Sagan, 1934—1996），美国天文学家、天体物理学家、伟大的科学传播者。他收集了第一批发送到太空的物理信息，还参与解说并创作了美国公共电视台历史上收视率最高的科普纪录片《卡尔·萨根的宇宙》。

[2] Sagan, Carl. *The Demon Haunted World.* New York: Random House, 1995.

暗什么？

20 世纪 70 年代中期，天文学家薇拉·鲁宾[1] 提出了一个非常有趣的问题。她搜集了一堆关于星系行为的数据，而这些数据尚无法用当代理论解释。[2,3,4]

鲁宾一直在观察仙女座星系，因此注意到了一些非常奇怪的现象。她发表在天文学网站 Astronomy.com 上的一篇文章指出："巨大螺旋的旋转方式似乎是完全错误的。边缘物体的运动速度与中心附近的物体相同，而这显然违反了牛顿运动定律（该定律也适用于行星围绕太阳运动的方式）。"这可根本说不通，引力对远处物体的拉力应该更小，因此远处物体的运动速度应该更慢。鲁宾观察到的现象却截然相反。

一种可能的解释就是"暗物质"。早在 1933 年，瑞士天体物理学家弗里茨·兹威基（Fritz Zwicky）就提出了一个理论，他创造了"暗物质"这个词来描述一种虽然我们看不见但能影响星系轨道行为的物质。暗物质便成为对反常现象最简单的解释，薇拉·鲁宾也被认为是为暗物质的存在

1　薇拉·鲁宾（Vera Rubin，1928—2016），美国天文学家。她因天文学方面的成就收获了多项荣誉，她一生都在倡议和指导女性参与科学研究工作。

2　Scoles, Sarah. "How Vera Rubin confirmed dark matter." Astronomy.com, October 4, 2016. Retrieved from: http://www. astronomy.com/news/2016/10/vera-rubin.

3　Larsen, Kristine. "Vera Cooper Rubin." *Jewish Women: A Comprehensive Historical Encyclopedia*. 1 March 2009. Jewish Women's Archive. Retrieved from: https://jwa.org/encyclopedia/ article/rubin-vera-cooper.

4　Panek, Richard. "Vera Rubin Didn't Discover Dark Matter." *Scientific American*, December 29, 2016. Retrieved from: https://blogs.scientificamerican. com/guest-blog/vera-rubin-did-nt-discover-dark-matter/.

思考的框架

提供了第一个证据。特别有意思的一点是，至今还没有人真正发现过暗物质。

为什么更复杂的解释不太可能是正确的呢？让我们用数学方法来计算一下。假设现在有两种不同的解释，每种似乎都能解释一个给定的现象。如果其中一种解释需要 3 个变量相互作用，而另一种需要 30 个变量相互作用，所有这些变量都必须同时发生才能得出给定的结论，那么哪种解释更有可能出错？如果每个变量都有 99% 的概率是正确的，那么第一种解释只有 3% 的概率是错误的，但对于第二种更复杂的解释，错误的概率几乎是前者的 9 倍，高达 26%。面对不确定性，越简单的解释越有力。

暗物质是一个有着强大解释力的优秀理论。正如丽莎·兰道尔在《暗物质与恐龙》一书中所解释的那样，迄今为止对暗物质的测量与我们对宇宙的理解完全相符。虽然我们看不见它，但我们可以根据自己对它的理解做出预测，并对预测进行检验。兰道尔写道："倘若我们肉眼所见便是世间全部的物质，那对我来说反而更加神秘了。"[1] 暗物质就是对目前我们在宇宙中观测到的某些现象最简单的解释。然而，科学的伟大之处就在于，它会不断地寻求对假设进行验证。

萨根写道："非凡的主张需要非凡的证据。"[2] 他花了很多笔墨对非同寻常的主张进行理性的调查研究。他觉得大多数甚至几乎全部的主张都有更简

1　Randall, Lisa. *Dark Matter and the Dinosaurs*. New York: HarperCollins, 2015.

2　Sagan, Carl. *The Demon Haunted World*. New York: Random House, 1995.

99% 的概率是正确的

3% 的概率是错误的

解释 1

26% 的概率是错误的

解释 2

单、更简洁的解释。不明飞行物、超自然活动、心灵感应及其他成百上千种看似神秘的现象，都可以用现实世界几个简单的变量来更好地加以解释。正如休谟所言，如果无法解释，那就说明我们需要更新自己对世界的理解，而不是真的有奇迹出现了。

因此，暗物质现在仍然是对星系特殊行为最简单的解释。然而，科学家们仍在努力发现暗物质，从而确定我们对世界的理解是否正确。如果对暗物质的解释最终变得过于复杂，那可能是因为数据描述的是我们对宇宙尚未了解的一些事物。接着，我们就可以运用奥卡姆剃刀定律将其替换为最简单也因此最容易验证的全新解释。薇拉·鲁宾注意到科学家总觉得自己距离发现暗物质仅有十年的时间，却永远也无法缩短这一距离后，在一次采访中得到了这样的评价："暗物质不被发现的时间越长，她就越有可能认为解开这个谜团的方法是改变我们对引力的理解。"[1] 这一主张要求我们对现有的引力理论进行一次全面的革新，相应地也就需要非凡的证据。

简单可以提高效率

在有限的时间和资源条件下，我们不可能针对某个不确定的复杂事件找到每个合理的解释。如果没有奥卡姆剃刀定律作为筛选工具，我们不可避免地不停地钻进死胡同，最后只是白白浪费了宝贵的时间、资源和精力。

---

[1] Panek, Richard. "Vera Rubin Didn't Discover Dark Matter." *Scientific American*, December 29, 2016. Retrieved from: https://blogs.scientificamerican.com/guest-blog/vera-rubin-did-nt-discover-dark-matter/.

应用于医疗领域的奥卡姆剃刀定律

奥卡姆剃刀定律在医疗领域也发挥着强大的作用,不管是对医生还是病人都是如此。假设一个病人带着类似流感的可怕症状出现在医生的办公室里,他是感染了流感的可能性更大,还是感染了埃博拉病毒的可能性更大?

这个问题很适合用我们在概率思维章节中提到的一个概念来解决,那就是"贝叶斯更新",即将普通的背景知识与新信息结合起来,从而解决具体问题。我们知道,一般而言,流感要比埃博拉常见得多,所以当一位优秀的医生遇到一个症状看似流感的患者时,最简单的解释几乎肯定就是正确的。一旦被确诊感染了埃博拉病毒,那就意味着要打电话给疾病控制中心并进行隔离,但如果病人只是得了流感,那就是一个代价高昂且容易引起恐慌的错误。因此,医学院的学生常被教导:"如果你听到马蹄声,先想到的应该是马,不要猜是斑马。"

对患者来说,奥卡姆剃刀定律是对抗疑病症的好方法。基于相同的原理,你应该在评估症状的同时考虑到自己目前的健康状况。知道最简单的解释很可能就是正确的,可以帮助我们避免不必要的恐慌和压力。

简单的好处就在于它可以如此强大。有时不必要的复杂性只是掩盖了最终会绊倒我们的系统性缺陷，选择简单的方案可以帮助我们根据事情的实际情况做出决定。以下是两个简短的案例，案例中的人都是在明明存在最有效的简单方案的情况下，被复杂的解决方案绊住了手脚。

占地约 4.05 万平方米的洛杉矶艾芬豪水库为超过 60 万人提供饮用水，它近 23 万立方米的水都是用氯来消毒的，这也是一种惯常的做法。[1] 化学物质溴化物在地下水中的含量较高，氯和溴化物相结合，暴露在阳光下，就会生成一种危险的致癌物——溴酸盐。

为了避免污染供水系统，洛杉矶水电局需要想方设法遮蔽水面，阻挡阳光的照射。经过头脑风暴，他们却只想出了两个根本行不通的方案，要么织一块覆盖面积达到 4.05 万平方米的防水布，要么在水库上方建一个巨大的可伸缩式穹顶。随后，水电局的一位生物学家建议使用鸟球，也就是机场用来防止鸟类在跑道附近聚集的那种小球。不需要施工建设、不需要零部件、不需要劳动力，甚至不需要维护，每个鸟球的成本仅为 0.4 美元。于是，水电局在艾芬豪及洛杉矶的其他水库投放了共计 300 万个可折射紫外线的黑球，这是一个解决了潜在严重问题的简单方法。

1　Vara-Orta, Francisco. "A reservoir goes undercover: The DWP dumps about 400,000 black balls into the water to block formation of the carcinogen bromate." *Los Angeles Times*, June 10, 2008.

第二个案例则是一个生死攸关的事件。1989年，孟加拉虎在印度恒河三角洲咬死了大约60位村民。[1] 似乎没有任何武器可以用来对付它们，哪怕是在假人身上绑电线，通过电击来赶走老虎也无济于事。

后来，加尔各答科学俱乐部的一名学生注意到，老虎只会在以为自己没被发现的情况下攻击人类。他想起一些蝴蝶、甲虫和毛毛虫身上的图案形似大眼睛，其实就是为了欺骗捕食者，让它们以为猎物也在看着它们。最后的解决方案就是一个戴在后脑勺上的人脸面具。值得注意的是，在接下来的三年里，没有一个戴面具的人遭到老虎的袭击。在这段时间里，被老虎咬死的人要么是因为拒绝戴面具，要么是在工作时摘下了面具。

一些注意事项

对奥卡姆剃刀定律的一个重要反驳是，有些事情根本没有那么简单。非法传销和庞氏骗局这样的诈骗组织总是反复出现，这算不上奇迹，但也没那么显而易见。确切地说，没有任何简单的解释足以说明问题。这些诈骗组织是一系列复杂行为的结果，有些近乎纯粹是偶然现象，有些则是抱着欺骗的意图精心设计的结果。要发现骗局并不容易，要是容易的话，那世上的骗局早就被消灭得一干二净了。然而，时至今日，欺诈行为在被发现之前还是常常会发展到空前的地步。

1　Simons, Marlise. "Face Masks Fool the Bengal Tigers." *The New York Times*, September 5, 1989.

还有人类在飞行领域取得的成就。对 17 世纪的教会修士来说，这似乎也是一个奇迹，但事实并非如此——这是应用物理学发展的自然结果。然而，人类花了很长时间才弄清当中的原理，因为这其实一点儿也不简单。事实上，人类动力飞行的发明是非常违反直觉的，需要了解气流、升力、阻力和燃烧等晦涩的概念。只有将一系列正确的因素精确地组合在一起才能做到。只知道怎么让飞机离开地面远远不够，你还得让它保持在空中飞行。

虽然我们总希望事事简单，但不可简化的复杂性同简单一样，都是我们现实生活中不可或缺的一部分。因此，我们无法运用奥卡姆剃刀定律来人为制造简单。如果某个事物不能被进一步分解，那我们只能按照原样处理。

你怎么知道事情已经尽可能简化了呢？以计算机代码为例。代码有时可能过于复杂，在试图简化的过程中，我们需要确保代码依然可以执行我们所需的功能。我们也可以这样理解简单性，一种解释被简化的前提是，它依然能够为我们提供准确的理解。

结论

当然，当所有人都专注于复杂事物时，关注简单就是天才的标志。这虽然说起来容易，但做起来难。请牢记，简单的解释相比复杂的解释更有可能是正确的，这有助于我们节约自己最宝贵的时间和精力。

领导力中的逆向思维

20 世纪 90 年代初,当郭士纳接管国际商业机器公司(IBM)时,它正处于发展史上最艰难的时期。许多商业专家都呼吁郭士纳陈述其对公司未来发展的愿景。郭士纳会从他的魔术帽里变出哪只兔子来拯救这家绰号为"蓝色巨人"的公司呢?

这似乎是一个合乎逻辑的要求:难道一家已经落后于人的技术公司不需要一个宏伟的技术发展愿景,以便夺回其"美国创新领导者"的地位吗?正如郭士纳所言:"IBM 这个组织里满是才华横溢、见解深刻的人才,IBM 当然乐于接受大胆的成功秘诀,这个秘诀越高级、越复杂,大家就会越喜欢。"

但郭士纳聪明地意识到,最简单的方法往往是最有效的方法。他著名的回复是:"IBM 现在最不需要的就是愿景。"IBM 真正需要做的是服务客户、在当下与同行竞争业务,以及专注于已经盈利的业务。公司需要的是简单而坚定的业务执行。

截至 20 世纪 90 年代末,郭士纳就已经做到了这一点,在没有提出任何宏伟愿景,也没有开展任何大规模技术革新的情况下,他成功地将 IBM 从崩溃的边缘拉了回来。[1]

---

[1] Gerstner, Louis V. *Who Says Elephants Can't Dance? Leading a Great Enterprise Through Dramatic Change.* New York: HarperCollins, 2003.

汉隆剃刀定律

思维模型 09

——
不要做最坏的打算。

我需要仔细听,
才能听到没说的话。[1]

——图利·马东塞拉

---

[1] Madonsela, Thuli. Quoted in "Thuli Madonsela: SA's Iron Lady." Corruption Watch, March 8, 2013. Retrieved from: http://www.corruptionwatch.org.za/thuli-madonsela-sas-iron-lady.

汉隆剃刀定律目前已经难以溯源。它指的是，能解释为愚蠢的，就不要解释为恶意。在复杂的世界中，使用这一模型有助于我们避免妄想和偏执。如果我们拒绝假定一切糟糕的结果都是坏人的错，那我们寻找的就是可能的选项，而非错失的机会。这个模型是在提醒我们，人非圣贤，孰能无过，也提醒我们时刻扪心自问，对于已发生的事情是否还有其他合理的解释。包含主观意图最少的解释往往就是可能性最大的解释。

假设我们的生活中充满了恶意。在这个越来越缺乏耐心和时间的世界，"路怒症"俨然已成为一个日益严重的问题。当有人突然超了你的车，倘若以恶意来揣度他人，那合理的推论就是这个人一定做了很多危险的事情。要想故意挡你的路，他必须首先注意到你，估测你的车速，判断你的驾驶方向，还要卡在恰到好处的时间点突然转向，让你猛踩刹车，却不会造成事故。这需要花大力气。更简单也更有可能的解释是，他根本没有看到你，这只是个错误，不含任何主观意图。那为什么你会误以为是前者呢？为什么我们的大脑会产生这种有悖逻辑的联想呢？

心理学家丹尼尔·卡尼曼[1]和阿莫斯·特沃斯基在 1982 年发表的一篇论文中提出了著名的"琳达问题",这个例子生动地说明了我们的大脑是如何运作的,以及我们为什么需要汉隆剃刀定律。故事是这样的:"琳达今年 31 岁,单身。她天资聪颖,在生活中总是直言不讳。在学生时代,她主修哲学,深切关注歧视问题和社会正义问题,还亲身参与了反核示威游行。"

以下哪种情况的可能性更大?

1. 琳达是一名银行出纳员;
2. 琳达是一名银行出纳员,也是一名积极的女权主义者。

大多数被试都选择了第 2 项。为什么呢?对琳达的描述表明她是一位女权主义者,但琳达只能要么是银行出纳员,要么是女权主义者兼银行出纳员,所以很自然地,大多数被试都认为她是两者兼而有之。他们不知道琳达从事的是什么职业,但因为他们受到了引导,相信她肯定是一位女权主义者,所以他们无法拒绝这个选项,即便数学统计表明单一条件为真的概率一定大于多个条件同时为真的概率。换句话说,每位支持女权主义的银行出纳员都一定是银行出纳员,但并不是每个银行出纳员都是女权主义者。

---

1 Kahneman, Daniel. *Thinking Fast and Slow.* New York: Random House, 2011.

因此，卡尼曼和特沃斯基证明了，只要有足够生动的措辞，被试都会假定，一个有自由主义倾向的女性是女权主义者兼银行出纳员的可能性要大于她只是银行出纳员的可能性。他们将这种现象命名为"合取谬误"。

通过这个实验，以及其他一系列实验，卡尼曼和特沃斯基揭示了人类心理机制的一种劣习：我们会深受现有的生动证据的影响，甚至愿意做出违背简单逻辑的判断。我们会基于目前掌握的信息强行得出结论。如果不相关的因素碰巧发生在我们已经相信的事情附近，我们可以毫不费力地将它们联系起来。

后来有人批评"琳达问题"不过是心理学家故意给被试下套，诱导他们失败。如果换一种陈述方式，他们就不一定会犯错。但这其实就是重点，只要我们以特定的角度呈现证据，大脑就会失灵，没办法以理性的方式衡量变量。

但这和汉隆剃刀定律有什么关系呢？

当我们看到自己不喜欢的甚至是错误的事情发生时，我们会假定这是他人有意为之，但更可能的情况是这完全是无意的结果。假定有人故意做错事，就好比假定琳达更可能是一名银行出纳员兼女权主义者。大多数做错事的人并不是心怀鬼胎的坏人。

如此生动的描述，以及与之相伴的情感反应，让我们的大脑在试图判断造成恶劣后果的原因时失灵。所以我们需要汉隆剃刀定律作为重要的补救措施。误把愚蠢当恶意就会导致妄想症，总是揣度恶意会让你误以为自己处于他人世界的中心，这是一种太过以自我为中心的生活方式。事实上，每个恶意行为的背后几乎总有更多的无知、愚蠢和懒惰。

> 人都想把自己定义为理性的动物，
> 但当他被要求按照理性行事时，
> 他可又要发脾气了。[1]
> ——奥斯卡·王尔德

一个帝国的终结

408 年，霍诺里乌斯[2]是当时西罗马帝国的皇帝，他觉得自己手下功高盖主的将军斯提利科[3]图谋不轨，于是下令处决了他。据一些历史学家考证，这次处决可能就是导致帝国灭亡的关键因素。[4,5]

为什么这么说呢？斯提利科是一位杰出的军事将领，为罗马赢得了多场战役的胜利，对帝国也十分忠诚。但金无足赤，人无完人，斯提利科同样也

1　Wilde, Oscar. "The Critic as Artist, Part 2." *Intentions*. London: Heinemann and Balestier, 1891.

2　霍诺里乌斯（Honorius, 384—423），作为西罗马帝国皇帝在位 30 年。他的统治混乱不堪，使得近 800 年来罗马城首次遭受洗劫。

3　斯提利科（Stilicho, 359—408），罗马军队中的高级将领，汪达尔人与罗马人混血。他生前为霍诺里乌斯担任帝国摄政，这也是日耳曼人在罗马政治体系中所能达到的最高职务级别。

4　Heather, Peter. *The Fall of the Roman Empire: A New History of Rome and the Barbarians.* Oxford: Oxford University Press, 2006.

5　Gibbon, Edward. *The Decline and Fall of the Roman Empire,* New York: Everyman's Library, 1910.

并不完美。和所有人一样，他也做过一些错误的决定，造成了不良后果。其中之一就是说服罗马元老院同意西哥特人领袖阿拉里克的要求。阿拉里克此前曾多次攻击罗马帝国，在罗马不受欢迎。罗马人不想屈服于他的威胁，想要战斗到底。

但斯提利科持反对意见，也许他和阿拉里克有些交情，觉得自己可以说服阿拉里克结盟，共同击退罗马正在竭力抵御的其他入侵者。不管他的理由是什么，斯提利科的这一行为严重损害了他的名誉。

霍诺里乌斯因此认为斯提利科不再可信。在阿拉里克的问题上，霍诺里乌斯既没有为斯提利科辩护，也没有疑罪从无，而是推定他的行为背后一定存在恶意：他想要篡夺王位，因此决定巩固自己的权力地位。霍诺里乌斯下令逮捕了斯提利科，并很可能支持了最后的处决。

没有了斯提利科对哥特人的震慑作用，帝国陷入了一场军事灾难。两年后，阿拉里克率军攻陷了罗马城，肆意掳掠，成为近八个世纪以来首个攻占这座城市的"蛮族人"。罗马城的沦陷也是西罗马帝国崩溃的重要因素。

只要勤加练习以对抗确认偏误，汉隆剃刀定律就会赋予我们力量，为亡羊补牢提供更加现实、有效的选择。当我们认为有人故意和我们唱反调时，人的本能反应就是采取行动保护自己。在这种防御模式下，我们很难再去利用机会，甚至都看不到机会的存在，因为此时我们的首要任务变成了拯救自己，而这往往会导致我们把视野局限于应对感知到的威胁，而不是进行全盘考虑。

一个拯救了全世界的男人

1962 年 10 月 27 日,瓦西里·阿尔希波夫[1]保持了冷静,没有以最坏的恶意揣测他人,因而拯救了全世界。这可是千真万确的。

当时,古巴导弹危机正处于白热化阶段。美国和苏联之前的关系高度紧张,全球处于核战争的边缘,这对所有人来说都将引发灾难性的后果。

美国驱逐舰和苏联潜艇在古巴附近海域对峙。虽然准确来说他们当时位于国际水域,但美国人已经通知苏联,他们将空投深水炸弹,迫使苏联潜艇浮出水面。但问题就在于,苏联总部并没有把这一消息传递下去,所以身处该地区的潜艇对美国的行动计划一无所知。[2]

阿尔希波夫是苏联 B-59 潜艇上的一名军官。美军不知道的是,这艘潜艇携带着核武器。当深水炸弹在他们上方爆炸时,B-59 潜艇上的苏联人设想了最坏的情况,舰长误以为战争已经爆发,打算部署装有核弹头的鱼雷。

这将演变成一场空前的灾难,会彻底改变我们所熟悉的世界,地缘政治变化及核辐射会在今后几十年的时间里持续影响我们的生活。幸运的是,根

---

[1] 瓦西里·阿尔希波夫(Vasili Arkhipov, 1926—1998),俄罗斯人。退役前为苏联海军中将。1961 年,他是核动力弹道导弹潜艇 K-19 的副指挥官。哈里森·福特主演的电影《K-19:寡妇制造者》就改编自有关这艘潜艇的真实事件。

[2] Roberts, Priscilla. *Cuban Missile Crisis: The Essential Reference Guide*. Santa Barbara: ABC-CLIO, 2012.

思考的框架

据规定，潜艇上的三名高级军官必须一致同意才能发射鱼雷，而阿尔希波夫没有同意。他没有揣度恶意，而是保持冷静，坚持要求潜艇浮出水面并与莫斯科方面取得联系。

尽管潜艇周围的爆炸可能是出于恶意，但阿尔希波夫意识到以恶意度人将置数十亿人的生命于水深火热之中，最好是假设对方仅仅出于错误和无知，并据此做出不发射核鱼雷的决定。他通过这样的方式拯救了全世界。

潜艇浮出水面，返回莫斯科。但在当时，阿尔希波夫并没有被誉为英雄，直到40年后该记录被解密，当时的文件才揭示出世界曾经与核战争咫尺之遥。

尽管汉隆剃刀定律十分有用，但也请不要多虑。汉隆剃刀定律旨在帮助我们感知愚蠢或错误，以及它们无意间造成的后果。汉隆剃刀定律表明，在一个行为背后所有可能的动机当中，耗费最少精力的动机（比如无知或者懒惰）比需要主动恶意的动机存在的可能性更大。

结论

汉隆剃刀定律最终证明了真正的坏人比你想象的要少。人非圣贤，是人就难免会犯错，会陷入怠惰因循、思虑不周和动机不良的陷阱。如果我们能认识到这个真理并采取相应的行动，我们的生活就会变得更轻松、更美好，也更高效。

魔鬼谬误

在 1941 年的短篇科幻小说《帝国逻辑》(Logic of Empire) 中,罗伯特·海因莱因(Robert Heinlein)笔下的人物格雷夫斯描述了"魔鬼谬误",他这样向他人解释这个理论:

"我想说,你陷入了在处理社会和经济议题时最常见的谬误——'魔鬼'理论。你把仅仅因愚蠢而导致的后果归咎于邪恶……你觉得银行家是恶棍,但他们并不是,企业高管、赞助人、统治阶级等都不是。人类思想有一定的局限性,会为自己的行为建立合理的解释。"

我们都曾陷入过这一谬误,而汉隆剃刀定律是帮助我们消除谬误的伟大工具。

致谢

我永远感激查理·芒格、彼得·考夫曼、沃伦·巴菲特和皮特·贝弗林,他们在不同程度上引领我走上了跨学科思考的道路。我对他们的感激之情无以言表。我曾向这个世界寻求智慧,这是一段永无止境的旅程。

在我初次学习跨学科思维的时候,我没能找到集众家之所长的智慧源泉,没法在同一本书里同时找到源于多个学科的宏观思想。而本书旨在将一些恒久不变的重要思想引入这个世界,帮助我们更好地理解这个世界及其相互联系的方式。这些书页里满是伟人的思想。坦率地说,你在本书中找到的任何想法都来自前人。

本书的顺利出版离不开里安农·博比恩摩根·瑞梅尔、玛西娅·米霍蒂奇及加文·赫特的辛勤工作和出色才能。

许多朋友阅读过我的手稿,并提供了宝贵的反馈意见,对此我深表感谢。感谢扎克·史密斯、德文·安德森、杰夫·安内洛、西蒙·霍鲁普、埃斯基尔森、劳伦斯·安德森及保罗·钱帕。

感谢内娜·罗达帮助我把这部手稿编辑成册。

我还要感谢我的孩子们,威廉(William)和麦肯齐(Mackenzie)。你们在无意中给我带来了全新的理解和好奇心。这本书是写给你们的。

我希望,每当你在理解这个世界时遇到困难或者需要汲取灵感,你都会把本书从书架上取下来。这既是一本关于宏观思想的参考书,也是一本通过设计和内容的互相穿插从美学角度吸引你的书。